QUIEN CAMBIÓ MI VIDA

QUIEN CAMBIÓ MI VIDA

MI TRANSFORMACIÓN
SOL JIMÉNEZ ROZO

Título: *Quien cambió mi vida*
© 2018, Sol Jiménez

Autoedición y Diseño: 2018, Sol Jiménez
Primera edición: diciembre de 2018
ISBN-13: 978-84-17781-18-7

ÍNDICE

TESTIMONIOS. 9

AGRADECIMIENTOS 21

PRÓLOGO DE LAIN 23

INTRODUCCIÓN. 25

QUIEN CAMBIÓ MI VIDA 27

IDENTIDAD CLONADA. 43

DOMINIO PROPIO 57

JAULA DE ORO. 61

APRENDE A AGRADARTE A TI MISMO 69

DE LO QUE DAS RECIBES. 75

TRATA A LOS DEMÁS COMO QUIERAS SER TRATADO . . . 79

CAMINO A LA LIBERTAD 83

MI PROPÓSITO DE VIDA 103

MATERIALIZA TUS SUEÑOS 127

EL COMPROMISO ES CONTIGO 133

EL AMOR DE TU VIDA ERES TÚ. 139

TÚ CREAS TU PROPIA REALIDAD. 159

LA CLARIDAD TE LLEVA AL PODER 163

LA SOLEDAD 167

TESTIMONIOS

Sol Jiménez, en su BEST SELLER «Quien cambió mi vida» nos cuenta cómo algunas personas que han tenido carencias de pequeños, se acercan a personas adineradas para tener un estatus de vida, dejándose incluso maltratar física psicológicamente con tal de conservar esa apariencia y ese estilo de vida. Gracias Sol por enseñar las herramientas necesarias para poder salir de esa tormentosa situación.

Lourdes Tatjé Martínez,
autora de la trilogía: «Mi Momento Es Ahora».

Gracias por este libro, tan dedicado a la vida de millones de personas. La toma de conciencia de una situación que arrastramos desde la infancia, las carencias tanto afectivas como económicas, y luego en nuestra edad adulta vivimos aparentando algo que no es y no somos por el miedo al qué dirán.

bajo la guía de este libro encontramos la pauta, para la toma de conciencia, y así hacer el cambio hacia la abundancia espiritual y material.

GERARD BRECHET,
autor de la trilogía: «TÚ CREAS TU FUTURO».

Recomiendo el libro de SOL JIMENEZ «QUIEN CAMBIÓ MI VIDA» es súper interesante ya que aún hoy en día siguen habiendo mujeres que son dependientes y eligen parejas pudientes para que puedan ser respaldadas en lo económico, pero viven realmente en un infierno. Si es tu caso, te lo recomiendo ya que te puede ayudar a comprender que no es la mejor opción, te hará saber de dónde viene esa creencia de dependencia y que puedes valerte por ti misma, cambiar tu vida y ser libre, feliz y conseguir lo que quieras. ¡GRACIAS SOL!

Carmen Guerra,
autora de la trilogía: «ROMPIENDO CADENAS».

«Quien cambió mi vida» "Precisamente tuve muchos clientes, en el mundo Retail Luxury, que necesitaban cubrir las carencias con una vida de apariencias. Saber mirar a estas personas desde la piel de nuestra autora, es saber dar un mensaje a aquellas mujeres, también hombres, que se sienten en el miedo por no ser aceptados por la sociedad ante la carencia económica. La trampa de caer en relaciones que amenazan y esclavizan para tener en lugar de ser, es el aviso que Sol Jiménez entiende como perdición a uno mismo. Con su historia personal, dará a entender a estas mujeres, sobre todo a las adolescentes, donde se empieza, y que han caído en estas circunstancias: este libro es una invitación a desprenderse de esa falsedad para reconstruir una vida llena de verdad y con el sentido que merece la vida, cerca de Dios. Sin duda, una historia de superación ejemplar"

Mely Rrelinque,
autora de la trilogía: «MÁS ALLÁ DE TU PIEL».

Despertarse y sacar lo mejor de uno mismo, dejando de lado las apariencias, o lo que los demás esperan de nosotros. Aprender a ser uno mismo y a vivir de acuerdo a nuestro ser, todo esto enseña este enriquecedor libro.

Yésica Casado Aragoneses,
autora del libro «¡Qué bueno eres!»

QUIEN CAMBIÓ MI VIDA, es obra donde Sol Jiménez nos desvela como todos los desafíos que tuvo y todo lo que sus carencias y creencias le habían formado hoy la han hecho ser un ser despierto a la apertura de abundancia en todas las áreas de su vida. En él la autora nos muestra cómo nosotros también poder conectar con ese poder interno que nos abre las puertas al reencuentro con nuestro destino. Gracias, Gracias, Gracias Sol por tu valor y entrega para dejar un mundo mejor.

Carmen Jesús Pérez Rivero,
Técnico Estilista y Asesora de belleza,
AUTORA DE LA TRILOGÍA «MADRE».

«Quien cambió mi vida» es un poderoso libro de transformación y empoderamiento personal. Crea consciencia de la importancia de creer en uno mismo y en las decisiones correctas, te lleva a conectar con tu propio poder de cambiar el mundo, tu mundo, y sacar esa fuerza interior que posees para crear lo que quieras crear desde la libertad de ser lo que quieras ser.

María Roncero,
autora de «Historia entre mujeres».

¿Cuántas veces por ganar el afecto y reconocimiento de los demás te pierdes a ti mism@? Sol, te desvela la importancia del despertar de la consciencia ante un mundo de pura apariencia donde lo realmente importante se deja de lado. Te abre los ojos ante una realidad existente cuando comienzas a amarte a ti mismo y dejas atrás todo lo material. Abre las puertas de tu propia cárcel con las llaves que la autora pone en tus manos con esta maravillosa obra.

EUGENE Martínez Negrín,
autora del libro «DEDÍCATE UNA SONRISA».

En ocasiones la presión de la familia y la sociedad nos hacer transitar por el camino más fácil, ese camino que, aunque en apariencias sea un camino lleno de rosas, en realidad es un laberinto lleno de espinas. «QUIEN CAMBIÓ MI VIDA» es una maravillosa obra literaria donde la autora nos enseña a mirar hacia adentro, a amarnos a nosotros mismos y a tomar las riendas de nuestras vidas.

Luna Wilde,
autora de «¿YO SOY? La magia de la transformación».

Sol es capaz de ayudarte a entender a través de su propia historia, cómo puedes salir de la víctima y convertirte en valiente, dejando atrás el miedo y el maltrato para resurgir y crear tu propia abundancia. Gracias Sol por tu cambio, que es el nuestro.

Tuty,
autora de la saga «VIDA».

De la mano de Sol Jiménez basado en su propia experiencia nos instruye en la posibilidad de romper con nuestras propias barreras creando y desarrollando nuestro propio potencial acondicionado desde nuestra auténtica libertad.

Amadora Espinar,
autora de «30 Segundos».

¿Estás viviendo de las apariencias para esconder tus propios miedos y carencias? Sol es una mujer fuerte y valiente que un día decidió dejar todo esto atrás y dar un giro de 180° a su vida para encontrarse a sí misma y alcanzar la libertad y la felicidad. Un libro inspirador que te motivará a dar los pasos necesarios para lograr la vida que deseas. ¡Gracias!

MªJosé Rosselló,
autora de «TU LIENZO EN BLANCO.
El arte de encontrar tu esencia».

La autora a través de su historia te mostrará como tienes la posibilidad de dejar de vivir de apariencias y ser tú mismo en todos los sentidos de tu vida, si decides cambiar tu vida también cambiará, pero el cambio comienza dentro de ti mismo.

ANA KARINA SARACENO FERREIRO,
AUTORA DE «CREO EN LA MAGIA».

«Quien cambió mi vida» trata sobre la toma de conciencia, de cómo valorarse uno mismo y nos da las claves para salir de las situaciones de maltrato físico y psicológico. La autora Sol y su historia de superación me han impresionado. Gracias Sol.

Radostin Ivanov Stanchev,
AUTOR DEL LIBRO «COMO TOMAR CONCIENCIA»

«Quien cambió mi vida». La autora mediante su propia experiencia, nos cuenta de cómo las carencias económicas que vivió en su niñez la llevo a tomar decisiones que pago caro, incluso con su propia libertad, malos tratos psicológicos y físicos. Sol también nos habla de cómo transformo toda esa vida y llego a generar su propia abundancia. Es un libro de superación constante. Mil gracias amiga por esta gran obra que sin duda ayudara a tomar consciencia de que todos los recursos están dentro de nosotros.

Vanesa Elizabeth Prado Cáceres,
autora de «Sanar a través de nuestros ancestros».

Extraordinario libro que me ha hecho pensar mucho acerca de los convencionalismos y de cómo muchas veces nos perdemos a nosotros mismos por aparentar. Gracias Sol por abrirme los ojos y ayudarme a conectarme con lo que es realmente importante.

Lourdes López,
autora de «Como sirena en el agua».

El libro de sol es un libro que te enseñará a sacar tu propia fuerza interior donde aprender a sacar tu audacia tu valentía y todo el amor que llevamos dentro. Sol nos cuenta a través de su historia como logro salir de un círculo vicioso en el que se encontraba y no lograba salir como al final ella consigo superarlo y ser feliz. Un libro maravilloso donde reencontrarse contigo mismo, donde aprender que somos dioses y que eso nadie jamás nos lo podrá quitar. ¡Gracias mi querida Sol por hacernos ver a Dios y por enseñar al mundo la inmensa fuerza del corazón!

TATIANA GARCÍA PEREZ,
AUTORA DEL LIBRO «ELÍGETE».

El libro de Sol es el de una guerrera de la luz, capaz de trascender cualquier rendija por pequeña que sea para abrirse paso. Una superviviente nata que ha podido conocer los lados más oscuros de las apariencias, enseñándonos a trascenderlos para ser libres. Gracias.

Ana de Juan, Coach Integral,
Autora de «Fortaleza Espiritual y Formadora».

«Quien cambió mi vida» El libro te guía a ser consciente de poder valer por ti mismo, Fuera de las apariencias externas, gracias Sol.

Ignasi Riera Ferrer,
«Bienvenido a tu Libertad».

Sol, estoy agradecidísima por este libro inspirador, que ayuda a romper las cadenas que nos fueron inculcados para aparentar lo que no somos y ocultar nuestra fuerza interior, gracias por despertarnos de ese mal sueño, ¡es verdad!, mi cambio empieza hoy. Mil gracias preciosa

Mery Ruíz Cendoya,
autora de «¡La auténtica MACRO-revolución!»

Sol nos ilumina con este libro, al llevarnos a sembrar sobre la roca, recuperando nuestra fuerza interior después de pasar por relaciones maltratadoras y saliendo del victimismo. Gracias por ayudarnos a crear nuestro potencial, aferrados a Dios para generar tantos milagros en nuestras vidas.

Luna Rosa autora de la trilogía,
1. «Mariposa de un Capo. Tejiendo Alas de Libertad!»
2. «Artista! Sé un Alien exitoso en Europa.»
3. «Mi jefa es una Perversa Narcisa, cómo vencer su manipulación nociva.»

El libro de Sol te lleva a confiar en que cambiar es posible, que hay otra forma de ver las cosas y que todo es una oportunidad para desarrollarse en el proceso necesario de tu crecimiento personal.

Mónica Dosil,
Psicóloga y Escritora.

«Quien cambió mi vida» refleja el despertar de un solecito tapado que rompió las cadenas de los miedos y con su nuevo renacer edificó su nueva y hermosa vida. Millones de gracias de todo corazón Sol, por tu contribución con los que aún no ha despertado.

Lic. Midalvis Velázquez iglesias,
profesora de Biología y autora de la trilogía
«DASAMOR».

Cuando buscamos una lectura para identificarnos en su texto, es muy acertado acercarse a la lectura de esta trilogía «Quien cambió mi vida» que habla del proceso de reconocimiento, aceptación y motivación para iniciar un cambio verdadero después de tantos desafíos superados. Gracias a su autora por desnudar su intimidad para enseñar con el ejemplo.

Eva Lidia Prieto Valencia,
escritora y conductora de radio y televisión,
autora del libro «No trabajo, soy ama de casa»

En primer lugar quiero agradecerte, por tu libro «QUIEN CAMBIÓ MI VIDA» tu historia personal es realmente sorprendente, venciste tantos obstáculos que hoy por hoy quieres transmitir al mundo lo que has aprendido, a través de tu libro explicas como la abundancia está dentro de nosotros mismos, que todos los seres humanos somos capaces de crearla, venciendo nuestros miedos, y así permitirnos a vivir la vida que realmente nos hace feliz! ¡Sé que ayudarás a miles y miles de mujeres alrededor del mundo, a mostrarles el camino, que esta solo a un paso que su cambio sea realmente transformador!

Claudia Elizabeth Garcete,
autora del libro «LOS SECRETOS DE MI MUNDO»

Sol es una de esas personas que entran en tu vida y dejan huella con su alegría, Luz y esa energía inagotable que la hace ser un ser especial y un ejemplo de superación. En su obra, «Quien cambió mi vida», la autora se reinventa a ella misma a través de sus experiencias, conectando con su alma creativa y generosa, plasmándolo en cada una de las letras de su obra, trasmitiendo así una poderosa energía, autentica y mágica. Sol, a través de su experiencia personal, descubrió algo que te va a contar y que cambiará tu vida para siempre. Si quieres revolucionar tu vida, no puedes dejar de tener esta maravilla de libro en tus manos. Mil gracias Sol por este regalo.

BORJA MONTÉS LLOPIS,
AUTOR DE LA TRILOGÍA
«A TRAVÉS DE SUS PEQUEÑOS OJOS».

"Maravilloso testimonio de superación y despertar de conciencia de su autora Sol Jiménez al descubrir que llegamos a determinadas relaciones sentimentales tormentosas tratando de encubrir una carencia económica y cómo solo desde su propio Poder Interno ha logrado amar y amarse plenamente, cubriendo ella misma sus propias necesidades. A través de sus páginas, con una narrativa impregnada de su auténtica esencia, descubres la belleza de espíritu de su autora. Gracias Sol por tu aportación a un Mundo mejor.

Rocío Sánchez García,
autora de «¿Quién es la Otra?»

«QUIÉN CAMBIÓ MI VIDA» es una obra de lectura, que marcó un cambio en mi vida. el gran corazón y valentía de SOL, son palpables letra a letra donde cuenta cómo seguir adelante felizmente a pesar por experiencias realmente dolorosas, su testimonio aporta la prueba visible como tras el despertar espiritual consigues encontrar la abundancia que todos queremos en nuestras vidas. Muchas gracias Sol por compartir tanto.

MARICRUZ ALVAREZ,
AUTORA DE «TU VERDADERO TESORO».

Fascinante relato autobiográfico que revela la realidad de las mujeres que escogen a sus parejas buscando seguridad económica. Sol nos lleva al origen de esta búsqueda. Y sanando esta carencia descubrimos que todos podemos crear abundancia y no sólo económica, a todos los niveles. Este libro nos abre a un despertar de la conciencia creando nuestra propia abundancia. Gracias Sol, por este maravilloso aprendizaje.

Nuria Quirós Roldán,
autora del libro «Cada día mejor
- Transforma tu vida cambiando tus hábitos-».

"¿Cuántas personas viven de las apariencias y aguantando todo tipo de maltratos? Yo fui una de ellas. Me siento muy identificada con la historia de la autora de este fantástico libro «Quien cambió mi vida». En él, nuestra querida Sol nos ayuda a tener esa independencia emocional, económica y social para empoderarnos y ser felices plenamente, sin la necesidad de depender de nadie ni de las apariencias. Gracias Sol por tu ayuda y por tu precioso libro lleno de libertad".

Nuria Sala Bergillos,
AUTORA DEL LIBRO
«TU DON, EL PODER DE SANAR TU VIDA».

AGRADECIMIENTOS

Estoy profundamente agradecida, primero que todo, con Dios, porque ha puesto toda la inspiración en mí para escribir este libro.

A mi mentor, Lain García Calvo, por enseñarme a romper mis miedos y a tener el coraje para lograr mi propósito de vida. Gracias por todo tu tiempo y dedicación para mi crecimiento personal y espiritual. Gracias a Él hoy soy quien soy.

A mi madre, por ser un ejemplo de fuerza y de lucha constante. Por entregar su vida a nosotros, sus hijos.

A mi hermano Alberto, porque de él aprendí la nobleza de su Corazón y la tenacidad para vencer los obstáculos.

A mi Hermana Alba, porque siempre creyó en mí y me apoyó en este viaje de superación y transformación.

A mis amigas de infancia, Andrea, Yudy y Cristina.

A mis amigos, que confiaron en mí y estuvieron a mi lado apoyándome cuando sentía que no podía. (Marco Loaiza, Omar Durón, Melissa Calvache, mi psicóloga

Rosa María Marín y la doctora Marissa Sosa, quien fue parte de mi inspiración).

A mi pareja, Florencio Reyes por hacer parte de este trabajo, por su apoyo e inmenso amor.

A una de mis mejores amigas, Cristina Gómez, por haber estado conmigo en los más difíciles momentos y por vivir junto a mí experiencias inolvidables en mi viaje a Italia, y con quien aprendí el valor de la Amistad y la lealtad.

Y lo más importante de mi vida: mis hijos Daniel y Santiago, por ellos soy lo que soy y a ellos les dedico este libro, porque son mi mayor fuente de inspiración, mi fuerza, mi motor y mi mayor bendición.

Y, por supuesto, a ti amado lector, por acompañarme en este maravilloso viaje, en este libro donde conectarás conmigo en cada página.

GRACIAS, GRACIAS, GRACIAS.

PRÓLOGO DE LAIN

Todo el mundo anhela algo que no tiene. Sentimos que la vida puede ser mucho más maravillosa, que el mundo podría ser nuestro amigo y que el Universo entero tiene preparadas fantásticas bendiciones para nosotros que en cualquier momento llegarán. Pero… lamentablemente para la gran mayoría de seres humanos eso nunca llega. No llega, no porque no esté disponible para nosotros, sino porque no lo estamos buscando en el lugar adecuado. Desde el momento en que nos demos cuenta que todo lo de fuera es solo un reflejo de lo de dentro, y no solo nos demos cuenta sino que lo entendamos, lo conozcamos y los practiquemos, ese día todo cambiará para siempre.

Quizás llevas tiempo pasando por algunas desilusiones, injusticias y fracasos en el camino. No importa nada de eso, el universo lo restaurará y lo

multiplicará en bendiciones.

Cada una de esas heridas son lecciones del Universo para poder elevarte a un siguiente nivel. No sucedieron por casualidad, sino por CAUSAlidad, pues el Universo manda sus más grandes batallas a sus más grandes guerreros.

"Muchos son los llamados y muy pocos los elegidos", pero no se eligen los preparados, se preparan los elegidos con esas pruebas de fe que son los obstáculos.

Supéralos. Decide cambiarlos por bendiciones. Haz tu parte y el Universo hará su parte. Cuando os unáis en uno solo y sepas que no hay separación entre dentro y fuera, entonces podrás ser un creador de milagros modernos, aquellos que afectan a la cotidianidad pero que son fundamentales, pues en la suma, crean vidas extraordinarias.

Y, por supuesto, si llegaste a estas páginas tampoco es por casualidad. Todo llega a nuestras vidas por y para una razón, así que disfruta su lectura y saca todo su aprendizaje. Todo.

LAIN, autor de la saga LA VOZ DE TU ALMA.

www.lavozdetualma.com

INTRODUCCIÓN

«Sé lo que es vivir en la pobreza, y lo que es vivir en la abundancia. He aprendido a vivir en todas y cada una de las circunstancias, tanto a quedar saciado como a pasar hambre, a tener de sobra como a vivir en escasez».

FILIPENSES 4:12

«Pequeños cambios te llevan a grandes resultados. Un pequeño acto que tengamos tiene la capacidad de modificar el curso de la vida».

SOL JIMÉNEZ

QUIEN CAMBIÓ MI VIDA

Amado lector:

Quiero primero que todo felicitarte, porque empezarás un cambio hoy, porque no es casualidad que tengas este libro en tus manos. Es porque estás a punto de vivir una transformación en tu vida y sabes que eres un ser muy importante para Dios, porque Él pensó en ti cuando creó el mundo, y Él tiene un plan perfecto para ti.

Estoy tan emocionada como tú, porque sé que vas descubrir cuál es el camino que te conducirá a la vida que soñaste, la cual no has empezado a vivir por algún motivo. Dejarás de ser esclavo de la sociedad para convertirte en el dueño de tus sueños. Te prometo que, antes de que termines de leer este libro, habrás experimentado grandes cambios y avances en tu vida, porque habrá una fuerza en tu interior que te impulsará a ser quien realmente tú quieres ser, y vivir la vida que tanto has soñado y que estás a punto de convertir en tu realidad

Si alguna vez has hecho algo que no hayas querido hacer, y solo lo has hecho por buscar aceptación en la sociedad, o por rechazo, o por miedo a tener una vida que no deseabas, como el miedo a la pobreza, al desamor, o a la soledad, y has terminado viviendo una vida que, en lugar de conducirte a la felicidad, te estaba llevando a tu propio infierno, entonces estás en el lugar indicado para dar el salto cuántico, y pasar de una vida que no deseabas a una vida soñada.

He escrito este libro porque he pensado en ti. Eres muy especial para mí y quiero compartir contigo todo lo que me condujo a transformar mi vida y pasar de un mundo terrenal a un mundo espiritual; donde yo pensaba que la abundancia era todo lo material, ignorando que primero tenemos que enriquecer nuestra alma y nuestro ser para poder adquirir la riqueza material.

«Sabemos lo que somos pero ignoramos lo que podemos ser».

W. SHAKESPEARE

El malestar interno que no me dejaba, el coraje y la ira de estar donde no quería estar, la rabia que sentía dentro de mí de hacer lo que no deseaba hacer y estar con la persona con la que no quería estar, una vida llena de dolor, de humillaciones, y el estar atrapada en una horrible realidad fueron los que me llevaron a tocar fondo.

CUANDO NACEMOS SOMOS SERES LIBRES.

Siempre desde niña supe que había un ser supremo que influenciaba mi vida. Cuando algo me ocurría, bueno o malo, sabía que era un efecto que venía de una causa.

Nací escuchando que yo era muy Hermosa físicamente y que iba a tener mucha suerte en mi vida por mi belleza física, pero yo hubiera cambiado esa palabra «suerte» por ÉXITO, y belleza física por un ser bendecido por derecho divino. Dicho de otra manera… por derecho de nacimiento.

Tengo lejanos recuerdos desde donde empieza mi uso de razón.

Recuerdo una niña feliz en un mundo pobre. Me gustaba bailar sobre la cama; creo que tenía tres años de edad. Bailaba y cantaba llamando la atención de todos, pero más la de mi padre.

Mi padre, cabello negro, ojos azules y piel blanca. Él era mi amor, mi fan número uno cuando yo me paraba en la cama y me ponía a bailar simulando que tenía un micrófono en mis manos, pero en realidad era el molinillo de batir el chocolate ja, ja. Así cantaba y movía mi cintura de lado a lado.

En varias ocasiones, así despertaba a mi padre con mis presentaciones en el escenario que era su cama.

LA POBREZA, TEMA PRINCIPAL EN MI FAMILIA.

Vivíamos todos en una misma habitación muy grande. Dentro de la misma, mis padres adaptaron una parte como cocina y la otra parte como dormitorio para todos. En esa estrecha habitación donde todos dormíamos y donde cocinaba mi madre, se vivieron momentos de mucha escasez.

Éramos pobres; pero a mis tres años de edad, yo no sabía de riqueza ni de pobreza, yo solo sabía que era una niña feliz.

Yo siempre me sentí diferente a todos, completamente diferente en físico y en pensamiento.

Un día, ya la cama donde yo bailaba al despertar ya no estaba, y mi fan tampoco estaba.

Mi madre decidió separarse de mi padre. Dicen que fue porque mi padre le fue infiel a mi madre.

Recuerdo que llegamos a un pueblo donde reinaba más aún la pobreza, y era el tema día a día de vecinos y familiares.

Nos dividieron a los hermanos: mi padre se fue con dos de mis hermanos mayores y mi madre con los cuatro menores, entre ellos yo.

Mis dos hermanas mayores se habían ido a Bogotá a trabajar y tratar de buscar una mejor vida.

Extrañaba a mi padre, pero nadie me explicaba lo que había sucedido.

Nunca tuve una Buena relación con mi madre; creo que era por la presión económica en la que ella se encontraba y que tenía que enfrentar día a día para darnos el alimento y la escuela a mí y a mis hermanos en un pueblo de pocas posibilidades.

Crecí en medio de limitaciones, de escasez y de mucha falta de amor y atención, junto a un padrastro que me seducía, que siempre trataba de tocarme con morbo y usaba palabras vulgares para dirigirse a mí.

Nunca mi madre me creyó, así que no pude ser protegida y respaldada por ella.

LA RELIGIÓN

Asistía a diario a misa porque mi madre es muy creyente de la Iglesia católica. Así que era una obligación acompañarla a diario a misa y rezar el rosario todas las noches.

Yo siempre quise ser líder. Me gustaba mucho participar en los coros de la iglesia y recoger las ofrendas.

Tenía ocho años de edad y ya me gustaba ser la número uno en todo y resaltar en todos los lugares. Mi madre me decía cabra loca o la oveja negra.

¡¡¡SÍ!!! Yo era la oveja negra.

La diferente a todos, la que pensaba y actuaba de otra forma a la de los demás.

Me gustaba mucho ayudar y llamar la atención de todos, y por ende no paraba en la casa.

Organizaba mis grupos y yo los lideraba. Esos mismos compañeritos eran los que participaban también en las actividades de la Iglesia.

En la misa siempre escuchaba hablar al sacerdote de un Dios castigador, de un cielo si te portabas bien y de un infierno si te portabas mal.

Era algo que me asustaba mucho y no entendía por qué nos decían que Dios era lo más Bueno del mundo, pero al mismo tiempo había que temerle y del mismo modo nos castigaba de formas terribles.

Yo apenas era una niña libre de miedos y de sufrimiento, pero todo cambió un día cuando fuimos todos los niños a la casa del sacerdote a jugar y Él empezó a hacernos propuestas indecentes a todos. Así que esa imagen que tenía de que un sacerdote era algo respetable y sagrado se había derrumbado.

Ya asistía a misa más por obligación de mi madre que por amor a la religión. Ya empezaba a sentir que había muchas cosas que no encajaban en mi cerebro con todo lo que nos enseñaban y veía. Nada era congruente.

Estaba atrapada en un lugar de mal gusto, pero sin opción de elegir.

Siempre estuve en la búsqueda de la verdad. Cuál era esa verdad que Jesús decía que nos haría libres.

Así que a mi corta edad decidí cambiarme de religión y empecé a ir a escondidas de mi madre a las clases infantiles que daban en la Iglesia Cristiana.

Allí me sentía un poco más cerca de lo que buscaba. Me gustaba mucho porque hablaban mucho de Jesús y no ponían imágenes de Jesús lleno de sangre representando sufrimiento miedo y dolor. También aprendí que no era necesario confesarle mis pecados a otra persona para ser perdonada, ya que podía hacerlo directamente con Dios y sentirme en paz.

Algo que sucede en la religión constantemente es que nos hablan de la Fe, pero no nos enseñan cómo aplicarla o cuáles son los pasos a seguir para lograr conocer la verdadera Fe.

Con el tiempo aprendí, después de tanto buscar respuestas, que Jesucristo no había fundado ninguna Iglesia, Él solo practicaba la religión del amor. No tenía religión, no era Cristiano, del mismo modo que Mahoma no era musulmán y Buda no era budista.

Así que una vez tuve claridad en todo esto con respecto a la religión, decidí seguir a Jesucristo y nombrarlo mi único maestro, y de Él aprendí que el Reino no está en el cielo ni tampoco está en la tierra, el Reino está dentro de nosotros mismos. El Reino simboliza nuestra satisfacción, (la nirvana, el cristo interior en el cristianismo o la iluminación) es la consecución de ese estado superior, donde dejamos de ser controlados por las circunstancias externas y nosotros cocreamos con el Universo la vida que nosotros queremos. El reino es nuestro sueño, es nuestro ideal de vida que nosotros queremos.

> **«Buscad el reino de Dios y todo vendrá por añadidura».**
> **MATEO 6:33**

LA ESCASEZ

Fui creciendo en un mundo con muchas preguntas sin respuestas, empezaba a conocer el miedo y el dolor.

¿Te ha pasado alguna vez que estás en un lugar donde no deseas estar y lo único que quieres es poder ser libre y vivir la vida que sueñas y deseas?

Pues así me empezaba a sentir yo, al ver a mi madre sufrir cada día por darnos lo que necesitábamos y ver que el dinero era lo que más falta hacía para suplir todas esas necesidades diarias. Solo deseaba crecer para poder ayudar a mi madre o poder irme para dejar de ser una carga más para ella.

Veía a todos sufrir en mi casa, mientras que en mi entorno, en mi escuela y en mis alrededores todo parecía ir normal para todo el mundo, pero en mi interior algo me decía que ser pobre ya no era algo que me empezara a gustar.

Escuchaba mucho a mi madre decir que si no se hubiera casado con mi padre no hubiéramos sido pobres.

Y empecé a ver en la sociedad a jovencitas con señores muy mayores como su pareja con tal de ellas recibir beneficio económico.

Era algo muy común en mi país. Las niñas que venían de familias de bajos recursos, perdían los valores morales con tal de aparentar una vida de lujos y lo hacían a costa de lo que fuera renunciando a sus principios y su integridad.

Yo siempre fui rebelde y entre más crecía, más rechazaba mi mundo de pobreza. Lloraba y sufría mucho por ver a mi madre lavando ropas ajenas, acostándose tarde planchando la ropa que lavaba a los particulares para poder llevar el sustento a la casa. Era más lo que trabajaba mi madre que lo que ganaba. Recuerdo una mañana verla llegar con sus zapatos rotos a una celebración del Día de la Madre, donde no pudimos darle nada de regalo porque no teníamos ni cómo ahorrar para un detalle ese día. Pero de las cosas que más me dolía era ver su cara cuando le entregaban la lista de los útiles del colegio; dicho de otra manera, la lista de materiales para nuestro estudio. Su cara de dolor y de angustia no la podía esconder. Mi pregunta siempre era... ¿Dónde estaba mi padre? ¿Acaso toda la responsabilidad era de mi madre sola? ¿Acaso mi padre no sentía la angustia de saber que estábamos solos y mi madre luchando sola? Fueron muchas preguntas sin respuestas que me llenaban de rabia y dolor.

Solo deseaba crecer, y ese día llegó. Ya una señorita de quince años, quince años en una vida de escasez y de miseria. Todo lo que se escuchaba era «no hay», no hay para comprar esto o aquello, no hay para salir a comer fuera, no hay para pagar la renta, no hay para comprar ropa o zapatos. No hay, no hay, no hay.

Así que empecé a observar, cómo muchachitas de mi edad y en las mismas condiciones de vida que la mía, se vestían mejor, o las veía llegar a sus casas acompañadas por personas que llegaban en carros de lujo y ellas siempre tan alegres. Parecía que tenían la solución a todo.

Una de ellas me contó el secreto, así que presté mucha atención de cuál era la clave para parecer que no les hacía falta nada.

Me dijo: «Sol, tú estás sentada sobre el dinero y mira lo bella y hermosa que eres. Cualquier hombre daría lo que fuera por andar con una mujer tan guapa como tú, lo único que debes hacer es elegir el hombre que tenga dinero, así tu podrás pedirle que te dé todo y podrás ayudar a tu familia». Le pedí que me explicara de nuevo todo lo que me había dicho, porque no entendía muchas cosas.

Me habló del camino fácil y rápido para salir de «pobre»; yo lo único que tendría que hacer era elegir un hombre adinerado y complacerlo en todo, así que empezó mi mente a crear y a atraer esas situaciones.

Pero olvidaba un ingrediente importante: EL AMOR. Sin amor nada funcionaba en mi vida. Pero el dolor de la pobreza no me permitía pensar en amar, sino en beneficiar a mi familia y liberarlos de la escasez.

Todo tomó otro rumbo en mi vida a mis dieciocho años cuando quedé embarazada. A mis dieciocho años estaba atrapada en una relación tóxica y manipulada por la realidad que yo misma había atraído, de algún modo, a mi vida.

Al verme sola y sin mucho futuro económico, empecé a vivir de los hombres con dinero, siendo sometida a cantidad de humillaciones y situaciones terribles donde hasta mi vida la ponía en peligro al hacer cosas que no deseaba para poder obtener ese beneficio.

Empecé a tener más y más de lo mismo, y cada vez estaba más encerrada en ese laberinto que parecía no tener salida.

El miedo me paralizaba cuando pensaba en una vida con limitaciones financieras. Tomé la decisión después de verme con dos hijos de diferentes padres y sin apoyo alguno y ya un divorcio de por medio, con un hombre millonario el cual me había llevado a España con mentiras y engaños. Allí era otro mundo, un mundo de lujos, pero de mucha soledad y viendo cómo la vida se me pasaba observando carros de lujo, restaurantes costosos, temas de conversación que no cuadraban en mi mente, un esposo que era adicto a la cocaína y sometida a ver situaciones de mucho libertinaje y bajo mundo de diversión. Así que, después de vivir unos meses en un mundo que parecía perfecto, llegó a ser imperfecto totalmente para mí.

Decidí que tenía que regresar a Colombia, mi País y tierra natal. Pero regresar al mundo de pobre que no deseaba me horrorizaba.

No pasó mucho tiempo en tomar la decisión de volverme a ir, pero a un país más cerca. Panamá. Sí, ahí estaba mi futuro, ese futuro donde ganaría en dólares y una vida libre de carencias económicas.

Todo parecía un sueño. Todo era fácil y todo era mágico al llegar allí.

Un casino era algo que me relajaba y me hacía ganar dinero y sentirme viviendo una vida de mujer rica, rodeada de gente con grandes fortunas

De nuevo, ahí estaba yo en medio de dos hombres adinerados y sin saber a cuál elegir.

Pensé que el casado no era la mejor opción, y tal vez el divorciado me daría más estabilidad financiera. Pero el Corazón dominó ese deseo de pensar en un hogar por dinero, y después de una lucha de conquista de dos hombres, mi corazón se enamoró perdidamente y di el paso siguiente: aceptar la boda soñada.

EL GRAN DÍA

¡El gran día llegó!

Mi vestido de princesa y la marcha nupcial del brazo de mi padre camino al altar. Ahí estaba Él esperándome y viéndome caminar como toda una diosa enamorada. Del brazo de mi padre pasé al brazo del que sería mi esposo.

Era una felicidad que invadía todo mi ser, mientras la voz entrecortada de mi padre nos hacía sonreír y a la vez alguna lágrima nos resbaló por la mejilla. Y, así, entregando a su hija enamorada, la dejó avanzar por la alfombra roja y flores con telones blancos que decoraban el lugar de mi boda soñada.

Sonrío escribiendo esto en este momento, porque me transporta a ese lugar donde todo parecía irreal de lo hermoso que fue, y aún puedo sentir esa melodía, mientras caminaba mirando la cara de mi prometido y nos acercábamos al pastor que nos casaría.

Todo fue perfecto. Pero la ilusión duró tan solo una semana.

Él regresó a Miami prometiéndome que mandaría por mí y mis hijos. Pero no sucedió.

Se marchó sin dejar rastro. No volví a escuchar su voz, ni su risa, ni sus bromas, ni sus palabras llenas de amor. Me abandonó a la semana de habernos casado sin ninguna explicación. La angustia, la ansiedad, el dolor y la rabia de no entender qué había pasado eran algo que me empezaba a derrumbar lentamente.

Se fue y no lo pude encontrar, porque no tenía visado ni manera de encontrarlo, él ya no tenía el mismo número ni contestaba más mis emails ni mis llamadas.

Me derrumbé y entré en una profunda depresión donde mi compañía era un CD con el video de mi boda y las fotos que quedaron. Solo quería morir. No podía comer, no tomaba ni agua, no podía dormir. Mi alma enfermó de dolor. Mi vida había parado porque alguien había destruido mi ilusión y el sueño de realizarme en una linda y verdadera esposa.

Sin encontrar respuesta de la vida, me levanté a gatas y, arrastrándome por el dolor, pensé en una solución, porque tenía que sobrevivir por mis hijos. Ellos eran la razón de vivir y de mi existir. Pero hice un juramento.

¡Sí! Juré que nunca más volvería a amar o a entregarme por amor, y que solo me enfocaría en conseguir dinero, pero ya no dándole entrada a nadie que me hablara de amor.

EL PLAN EMPEZÓ A FUNCIONAR.

¿Recuerdas el hombre casado que estaba cuando los dos pretendían conquistarme? Pues Él seguía ahí, esperando una señal mía para poder entrar a mi vida con la sorpresa de que ya estaba divorciado.

Solo lo tuve por dinero, ya que empecé a odiar todo lo que se tratara de amor. Él era un hombre manipulador y obsesivo y me controlaba todo haciéndome pasar por situaciones terribles, y era muy vengativo.

Él me compraba los vestidos más caros de las tiendas, los muebles más finos y los carros que yo deseaba. Viajaba mucho acompañándolo a diferentes países y sometida a fiestas mundanas, donde se practicaba todo lo mundano y frío que puede vivir una mujer que se somete a ser maltratada psicológicamente y dañada moralmente, con tal de llevar a cabo su plan de dinero.

Parecía que para todo el mundo yo tenía el futuro asegurado.

El dolor y la rabia de ser humillada cuando no lo complacía en sus planes. Entonces, siempre se las arreglaba para quitarme todo y dejarme sin nada, pasando por situaciones terribles y dolorosas con mis dos hijos.

No pensaba en el daño que les estaba causando a mis hijos al someterlos a una vida de lujos y placeres, donde los valores y los principios se iban perdiendo por llevar una vida de apariencia y lujos.

TOQUÉ FONDO

Un día, mi alma no pudo más y me pedía a gritos que la liberara de ese mundo terrenal, el cual ya había llegado a tocar fondo después de tanta humillación y una vida completamente vacía y sin rumbo alguno, y donde el mundo espiritual estaba tocando las puertas para poder entrar y salvar mi alma.

Ahí llegó el despertar. Mi despertar de conciencia o mi llamado.

Después de un grito desesperado al cielo, pedí a Dios piedad y que transformara mi vida, porque esa no era yo, mi espíritu estaba atrapado en un cuerpo

de ambición y dolor y mi alma ya no podía más y necesitaba volar.

Dios me escuchó y me habló por medio del libro **La voz de tu alma** de Lain García Calvo, a quien le agradezco aparecer en mi vida como un ángel. Ahora, gracias a Él, tú estás leyendo este libro hoy, porque empezó en ese momento mi camino a mi transformación de un mundo banal y artificial a un mundo espiritual de paz y libre de la esclavitud donde tenía mi vida sometida a cambio del dinero.

Gracias, amado lector, por conocer parte de mi historia y continuar leyendo este precioso libro que escribo para ti basado en mi vida, y el cual me llevó a un cambio brutal donde supe que la abundancia viene de Dios y no del hombre, y que Dios nos da la misma capacidad a todos de crear una vida abundante en salud, dinero y amor, pero haciendo lo correcto, aplicando los principios universales y dejando que sea Dios el que tome el control de tu vida.

Quiero compartirte los pasos que me llevaron a ese cambio, a esa transformación o despertar de conciencia. Si vives algo parecido, o pasaste por algo similar, o conoces a alguna mujer o a alguien que esté viviendo una situación así, vas a poder ayudarle o podré ayudarte a dar ese salto donde tu vida pasará de ser triste y sin sentido a una vida llena de amor paz y abundancia.

Pero antes quiero contarte también una historia basada en el testimonio real de una mujer que llegó también a tocar fondo de una forma impresionante, de donde pudo salir a flote. No se dejó vencer por las injusticias y las circunstancias que el destino le hizo pasar aun estando su Corazón y su integridad de por medio.

A veces nos suceden cosas que no nos esperamos y nos preguntamos… ¿por qué a mí?

¿Por qué si tengo buen corazón y nunca he planeado hacerle daño a alguien, me sucede esto a mí? ¿O por qué Dios permitió que esto me sucediera?

Al terminar de contar la historia de esta mujer vencedora y guerrera que salió a flote, te explicaré por qué a veces tenemos que vivir situaciones injustas, dolorosas e inesperadas en nuestra vida sin tener en el momento una explicación. Pero antes, déjame decirte que Dios restaura todo y después entendemos por qué somos nosotros los elegidos para vivir a veces momentos de injusticia y dolor. Detrás del desafío viene la bendición, y tu dolor de hoy es tu testimonio del mañana, como es el caso de esta preciosa mujer.

IDENTIDAD CLONADA

ecidí viajar a otra ciudad a participar de unos temas de medicina estética para conocer un poco más del tema, ya que uno de mis planes era trabajar como cosmetóloga mientras salía mi libro al Mercado, y así ya dedicarme a mi profesión como escritora y conferencista. Pero mientras iba escribiendo mi libro, me encantaba compartir temas con la vida de otras mujeres que me compartían sus historias, y es que cuando empiezas a escribir, te vuelves muy receptor y te encanta conocer todo tipo de personalidad, y de paso historias que impacten tu vida, como es mi caso. Pero esa mañana me llamó la atención una mujer muy valiente de corazón, pero que en su Mirada había algo que yo sentía que tenía que descubrir.

DETRÁS DE UNA MIRADA SIEMPRE HAY UNA HISTORIA.

Ahí estaba ella con una sonrisa, como dice mi madre, de lado a lado, unos ojos muy expresivos y una energía que la caracterizaba, siempre hablando positiva y muy amable. «Mira, Sol, te presento a la doctora que nos va a mostrar el procedimiento, ¡oh! Encantada, doctora. Mucho gusto, Sol». Ella con una súper sonrisa me saludó estrechando su mano suave, pero a la vez con personalidad y, mirándome a los ojos, me dijo: «Hola, Sol». Y riendo se sentó al lado mío para hablar de lo que harían esa mañana con sus pacientes y los otros doctores que la acompañaban y donde yo estaría presente.

Me gustaba llevar mi computadora portátil para sentarme a escribir cuando llegara mi inspiración en mis ratos libres.

«¿Y a qué te dedicas, Sol?» Fue su pregunta con esos ojos llenos de luz y su cara con cierta picardía, pero de una forma generosa y amistosa. Le contesté... «Escribo un libro basado en mi historia de vida y en cómo he salido a flote de todo lo que he tenido o elegido vivir. Yo sé que contando mi historia podré ayudar a muchas personas en el mundo que estén pasando por una situación similar y así puedan ellos también superar sus desafíos y obstáculos».

Ella observándome me dijo: «Yo también superé algo de lo cual pensé que no iba a poder salir y me sentí perdida. Salí vencedora, pero todo ocurrió así, Sol». Me dijo ella con un cierto timbre de voz algo bajo y suave, pero con su sonrisa que no le dejaba perder el

brillo de sus ojos.

«Te escucho», le dije poniendo mucha atención…

«Mira, Sol, conocí a un hombre aquí en esta ciudad donde vivo actualmente. Era hermano de una enfermera que trabajó conmigo.

Me dijo que era piloto comercial. Después de llevar una linda amistad de seis meses decidimos empezar una relación ya más cercana y de pareja. Cuando cumplimos siete meses de relación, decidimos casarnos, ya que pensaba que un año de conocernos era suficiente para dar ese siguiente paso».

En ese momento, ella me pone una canción y me dice: «Esta canción, Sol, el me la ponía en las carreras de autos donde íbamos juntos, decía que era nuestra canción y nos identificábamos con esa letra».

Yo seguía muy atenta poniendo atención a su historia, y le dije: «Pero parecía una historia de amor muy bonita». Y ella me contesta: «Pues como una está enamorada y es estúpida, una piensa que las cosas realmente sí son ciertas y las cree».

Y continuó…

«Todo iba perfecto. Hablamos con mis padres y empezamos a planear nuestro futuro.

Pero no todo lo que brilla es oro. Cabe decir que para entonces ya conocía a toda su familia, no podía faltar un domingo sin compartir con sus padres, y en una ocasión, una sobrina suya me escribió y me contó que él andaba con alguien más. Me enseñó fotos que obviamente creí, porque la tenía fotografiada en mi carro.

Pero no fue ahí donde me di cuenta de que algo andaba mal, sino cuando me di cuenta de que nos regalaba las mismas cosas a ella y a mí. Por ejemplo, a mí me pidió matrimonio con cien rosas y con la otra chica lo hizo de la misma forma. Entonces te sientes mal, porque ya sabes que no eres especial solo para esa persona».

«Continúa», le dije cada vez más interesada por saber que pasó. Y Ella me dice… «Mira, Sol, esa semana fue la semana más fuerte de toda mi vida, ya que se me cayó todo el pedestal de la persona que amaba.

Todo se cae por que él me dice que mejor yo me quedara en silencio para que todo siguiera adelante. Ocurrió en mayo de 2015 cuando todo esto me hizo sentir tan poca cosa que llegué a pensar que no tenía sentido que yo siguiera en este mundo. Pero la peor parte llega aquí, cuando yo decidí que saliera de mi vida y discutí con él. Me empezó a insultar y a decirme que como mujer no valía nada, que yo no era nadie y que agradeciera que alguien como él se había fijado en mí. Y obviamente cuando uno tiene una autoestima baja, llega a creerlo.

Así que empezó a decirme que con la mujer que quería estar era con la otra, porque ella tenía un mejor cuerpo que el mío, porque yo estaba muy gorda y la otra con miles de cirugías. Y claro que sí, Sol, él logró herirme y lastimarme con la fuerza de sus palabras».

La escuchaba con mi corazón partido y dejé que continuara contándome su triste historia, porque apenas lo doloroso empezaba.

«Continúa», le dije con una sonrisa y mis ojos llorosos.

Ella continuó:

«Resulta que él acepta su infidelidad y también empieza a decirme que se había aprovechado de

mi confianza y que había abusado literalmente de las cosas que yo tenía, pero yo no entendía qué me quería decir. Al final de esa semana llegaron estados de cuenta de tarjetas de crédito que yo jamás solicité por montos exagerados, más cuentas por pagar de las que yo nunca había hecho uso.

Luego recibí una carta de él diciéndome que qué bueno que ya yo sabía en la situación que me encontraba.

Que él esperaba que yo tuviera el valor para poder solucionar esa situación sin él, porque así como lo había hecho ya, él podría hacerlo mil veces más, porque tenía una identificación mía clonada.

Fue un detonante darme cuenta de que no sabía con qué persona estaba.

Luego me buscó y me amenazó diciéndome que yo tenía que regresar con él, porque era un sicario y podía atentar con mi familia, y también que le diera uno de mis carros. Así que al sentirme acorralada y con mi familia en peligro, accedí a continuar con él».

Yo continuaba escuchándola porque podía sentir a una mujer muy valiente y yo quería saber cómo hizo para superar esa terrible experiencia con ese loco. Estaba segura de que no solo a ella le habría hecho algo así y que tal vez muchas no pudieron superarlo como lo había hecho esta mujer que tenía frente a mí contándomelo, ya como un tema superado.

«Sígueme contando», le dije.

«Empezó mi desespero, no sabía qué hacer, todo se nubló, no dormía, no comía. Me encerraba en mi trabajo más de doce horas para no enterarme de lo que estaba pasando, y fue muy difícil, porque nadie me ayudó, nadie me dijo cómo hacerle frente. Mi familia me dejó sola, una Hermana se fue de la casa porque vivía conmigo y me dejó de hablar. Así que me quedé sola con el problema.

Fueron dos semanas traumáticas que marcaron mi vida.

Ahí me di cuenta de que estaba tocando fondo, y la primera parte fue sentirme usada, engañada, y la segunda fue tener un endeudamiento tan alto que mi trabajo no me iba a dar para pagar ninguna de esas deudas. Eran tres tarjetas que tenía que pagar con mensualidades demasiado altas que no alcanzaba a cubrir.

Estaba acorralada, y mi estado de ánimo estaba por el suelo. Sin embargo, nunca dejé de ir a trabajar, porque yo tenía una responsabilidad por delante donde me estaban promoviendo para la coordinación, así que pensé que tenía que lograr ese puesto para poder pagar las deudas.

Pero mientras pasaba todo este agobio sin saber qué hacer, recibía llamadas de amenazas, acosos, mensajes por correspondencia.

Un día, estando en mi casa, alguien llama a mi puerta y me dicen que es la vigilancia y abro pensando que eran ellos.

Pero era él de nuevo. Se me lanza encima e intenta estrangularme, y en medio del forcejeo logro escaparme y pido ayuda. Un vecino pudo socorrerme. Al ver que había ya mucha luz afuera y ver que podría ser descubierto, salió huyendo. Y a partir de ahí fui a denunciarlo. Ya pude contar con el apoyo de mi padre y llegamos a un acuerdo mutuo donde él aceptó firmar un documento y dejaría de perseguirme, a cambio tenía yo que retirarle la demanda, pero también le daría un dinero para que todo quedara en paz.

En octubre de 2017, recibo la noticia de su Hermana donde me entero que hacía una semana había desaparecido, y a los quince días me entero de que había muerto. Pienso que alguien pudo cobrarse con sus manos todo el daño que causó a muchos.

Así, Sol, pude enterrar mi pasado para darle paso a mi nuevo futuro, perdonando y luchando cada día por sanar cada herida que él, sin ninguna explicación, puso en mí y que hoy son solo cicatrices de un alma herida, pero ya recuperada y llena de amor».

La abracé y la felicité y fue inevitable contener el llanto al abrazarla, porque yo también superé el engaño y la desilusión de un hombre que me enamoró con mentiras, que me llevó a un altar, llena de promesas y de amor, y desapareció a la semana sin ninguna explicación, rompiendo mis sueños, mis metas y mis ilusiones. Y hoy, de eso solo queda la cicatriz de una herida que sanó y que me hizo tan fuerte como tú también lo eres ahora.

Nos despedimos con un fuerte abrazo deseándonos bendiciones y éxitos.

Amado lector, ahora quiero explicarte, si me lo permites, por qué nos suceden estas cosas sin entender por qué, y sin tener una respuesta o una explicación, si estamos poniendo nuestro corazón y nuestro verdadero amor por delante.

EL DESPERTAR

De rodillas clamé a Dios por un cambio en mi vida y que liberara a mi espíritu del cuerpo en el que estaba atrapado en una vida que no merecía vivir.

Conocí los principios del Universo. Empecé a leer *La voz de tu alma*, me fui a buscar un lugar donde pudiera vivir mi transformación, lejos de un entorno tóxico y donde pudiera encontrarme conmigo misma.

Es muy importante, amado lector, que elijas bien un lugar donde puedas estar en paz y los ruidos de la sociedad no te hagan desviar de tu objetivo.

Ya es hora de despertar, es momento de enfrentar aquello que tanto temes, aquello que ha sido el culpable de tus pesadillas, y lo que te partió en mil pedazos.

Que te importe un carajo lo que te haya dicho antes tu mente, que no sirves, que no puedes, que no funcionas… ¿sabes por qué lo hace? Porque te tiene miedo, porque eres valiente y porque eres resistente ante los fracasos y golpes de la vida. Saliste a flote cuando se acababa tu oxígeno y pensabas que no podías, y tocaste fondo, y eso te llevó a impulsarte hasta ganar la batalla y vencer la derrota.

Mírate ahora. Las adversidades te hicieron más fuerte y, cuando pensaste que perdías, venciste.

Te hiciste duro como las rocas y grande como las montañas, tan alto como una palmera. Y tú y yo vencimos el dolor.

Saliste y le demostraste al mundo que sí se puede.

Ahora tu huella nadie la podrá borrar y vivirás para siempre. Vas a trascender y vas a lograr la eternidad.

Tú me inspiras. Te escribo estas líneas porque eres más que vencedor, como yo.

Es hora de despertar ya, es hora de que tu nombre sea recordado y que, cuando sea la hora de partir, lo hagas dejando tu legado. Que seas recordado por un gran cambio y por un despertar. Ya no eres un zombi manipulado por la sociedad y por tu mente. Ahora tus anhelos y sueños son dirigidos por tu alma.

Una pregunta simple y concreta: ¿qué quieres conseguir? Porque cualquier cosa es posible.

Tal vez estés llevando una vida infeliz y viviendo una vida que no te gusta, aplazando objetivos y sueños y envejeciendo.

Te voy a compartir algunos secretos que le dieron forma a mi mundo y, si los aplicas como yo, van a dar grandes resultados a tu despertar y podrás conseguir cualquier cosa que desees.

Qué bien me siento de compartirte esto que de verdad me llevó a un cambio brutal en mi vida…

En las siguientes páginas conocerás esos secretos. ¡Te sorprenderás!

El primer secreto es conocer a tu mente y saber que ahí pones la semilla de tus pensamientos, y luego obtendrás sus frutos. Y te digo que todo sucede de acuerdo a como tú ves las cosas.

Aprendí que tu mente es la siembra y tus semillas son tus pensamientos, el agua tus acciones y el sol tus emociones. Todo lo que plantes sucederá. Hay un poder en la fuerza de creer.

Crea un objetivo claro y que sea tu meta principal. Dedícale todo tu tiempo y enfoque en hacerlo realidad, enamórate de tu sueño y no lo sueltes por nada del mundo. Tal vez ahí empezarás a caminar por el desierto y a pasar por las llamas, pero tienes que saber que todo va a pasar para algo mejor.

Cuando yo empecé escribir este libro, tuve que enfrentar los peores desafíos, me quedé sin trabajo, los problemas con mi pareja cada día empeoraban más y el dinero se acabó. Ya no tenía cómo pagarles el colegio a mis dos hijos y no tenía cómo hacer las compras necesarias de la casa. Empezaron a llegar las facturas para los pagos y los bancos no paraban de llamar presionando para los pagos de las tarjetas.

Tienes que saber que tu mente empezará a rechazar todo lo que sea un peligro para tu avance y transformación, y se resistirá a esos cambios, porque la mente desea protegerte y seguir manteniéndote en tu zona de confort.

El día más oscuro y doloroso que estaba enfrentando y donde estaba mi mente tratando de jalarme a la vida que tenía antes, diciéndome que no podía y que yo sola no iba a ser capaz, justo ese día, fue cuando más valor saqué y la desafié tomando acción y sentándome a escribir.

Escribir este libro fue mi sueño y el anhelo más deseado de mi Corazón, y aprendí de mi mentor que mi pasado tenía que morir y que tenía que tomar el desafío y recanalizarlo para construir mi imperio. Ese desafío se convertiría en bendición y, si no lo hacía, me quedaría ahí el resto de mi vida. Así que, para tener un nuevo futuro, mi pasado tenía que morir, y empecé a tener fe y a ver con ojos de la fe. Y aquí tienes tú mi libro en tus manos, porque hice de mi desafío mi mayor bendición y mi testimonio de hoy. Así que si yo pude, tú también lo puedes hacer.

De modo que vamos a continuar con el despertar y el nuevo camino que te espera.

Hay pequeños secretos psicológicos que, si los entiendes, podrás plasmar tu felicidad. Conócelos y podrás lograr todo lo que te propongas.

Un punto muy importante que debes tener muy en claro es que si tú quieres hacer las cosas rápidas y quitarte trabajo y dejar de ser muy constante en tu meta, podría perjudicarte mucho a largo plazo, porque debes atravesar tu desierto para llegar al final. Dicho de otra forma, debes enfrentar todos los obstáculos que te llegarán, porque tendrás que pagar el precio. Si intentas evadir alguno o negociar con el tiempo, créeme que no lograrás llegar a la meta.

Debes darle absolutamente toda la energía y todo el enfoque a ese objetivo principal, que es de lo que estamos hablando con respecto a que haya un cambio en tu vida y dejes de vivir la vida que no deseas, sino la que te lleve a ser realmente feliz, porque viniste a brillar y a triunfar y a dejar una huella imborrable en este mundo.

Así que continuemos.

Trabaja en lo que te apasione y te guste, porque será tu gran bendición. Quiero compartirte algo también que aprendí de mi mentor, y es que debes buscar y unirte a las personas que ya tienen los frutos, no de los que se la pasan hablando de ellos. Y nada de lo que valga la alegría es fácil, por eso poca gente lo consigue, porque ante el primer obstáculo o desafío abandonan su sueño.

Así que comprométete contigo mismo y lo lograrás, pero solo depende de ti y de nadie más. No importa si te equivocas, no importa lo que tengas que pasar, vas a tener que atravesar duras pruebas, pero al darte cuenta de que no podemos pasarnos la vida decidiendo y viendo a qué le vamos a dedicar tiempo, se nos va la vida y no se puede subestimar el precio que hay que pagar. Porque, de hecho, déjame decirte que es superior al que uno piensa, y claro que el precio para llegar es altísimo. Hay quienes ya lo saben y, como lo saben, les cuesta mucho tomar la decisión por miedo a equivocarse. Pero si tan solo decides, eliminas el resto de posibilidades y enfocas toda tu energía, atención y enfoque, entonces eso te llevará a ese punto y debes sostenerlo y ser fuerte lo más que puedas hasta llegar al resultado.

Quiero que sepas todo esto, porque en el despertar vivirás todo este proceso y es exactamente lo que yo viví para transformar mi vida y lograr ser lo que soñé, y hacer lo que amo. Y así es como se logra llegar a donde deseas llegar.

Debes ser consciente de que hay que cambiar ciertos hábitos que te impidan el cambio, y la disciplina es de las cosas más importantes que debes tener en cuenta.

El 99% de las personas no están dispuestas a hacer lo que sea necesario para hacer realidad sus sueños.

La disciplina es el centro de todo el éxito material y no puedes ganar la Guerra contra el mundo si no puedes ganar tu propia Guerra mental. Porque todos quieren ir al cielo, pero nadie quiere morir.

Esto es muy real, porque el punto central de hacer realidad tus sueños es la autodisciplina.

No se trata tanto de tu cuerpo, se trata de obtener el control de tu mente para poder elegir acciones que sean para tu propio bienestar.

Muchas personas han tratado de cambiar, muchas veces tratan de eliminar y deshacer malos hábitos. Por lo general hacen un cambio en su comportamiento poniéndose a entrenar, meditando, tratando de leer más cada día, o quieren dejar de fumar o dejar de comer esas comidas.

Ellos quieren poder llegar a esa meta que se han propuesto.

Todos los días debes leer algo por tu propio interés, transfórmate, transciende y haz un cambio en tu vida real y positivo en todas las áreas de tu vida, pero, sobre todo, Sé muy fuerte.

Sé fuerte porque todo el mundo te atacará y querrán luchar contra ti tratando de apagar tus sueños, pero está en ti dejar que no esto pase ni trunque tu camino hacia tu éxito.

Si tienes una visión clara de tus objetivos, necesitas devoción, disciplina y coraje para conseguirlo.

CONFIGURA TU ENTORNO PARA GANAR

El cambio no está solo en el nivel de tu comportamiento, está también en el cambiar el ambiente que te rodea.

Debes de sufrir dos dolores en tu vida: el dolor de la autodisciplina o el dolor del arrepentimiento.

Elige sabiamente.

El componente crítico es hacer las cosas y hacerlo de manera organizada. Debes tratar de convertirte en esa persona que quieres ser y construir ese personaje disciplinado.

Entrénate mentalmente y haz que tus objetivos se vean como reales y te será más fácil pasarlo a lo exterior, porque todo lo que adentro experimentas afuera ocurre.

No actúes con impulsos emocionales, porque las decisiones en esos momentos son muy malas y te pueden llevar a algo que te puedas arrepentir más tarde.

Estarás mucho mejor si te disciplinas ahora mismo para que luego no tengas que cargar con ese arrepentimiento.

La autodisciplina tiene un poder mágico y es una de las herramientas para llegar a ser quien quieres llegar a ser.

Sin disciplina el éxito es imposible.

DOMINIO PROPIO

**«Pues Dios no nos ha dado un espíritu de timidez,
sino de poder, de amor y de dominio propio».**

2 TIMOTEO 1:7

ay momentos en nuestra vida en que nos desconocemos o nos preguntamos cómo hemos llegado a hacer esto o lo otro. A todos en este mundo nos ha pasado que hay momentos en que no nos encontramos o que no nos hallamos y tenemos explosiones dentro.

La falta de dominio propio nos trae a veces graves problemas a nuestra vida.

Ni siquiera es el control, porque el control es muy diferente al dominio.

El control trata de erradicar tu esencia y de robarte tu identidad, o sea, algo así como… yo quiero que seas como yo soy y punto.

El dominio de alguna manera lo que hace es establecer un equilibrio entre estas emociones desaforadas o emociones contaminadas.

El dominio propio es tan importante en nuestra vida, es una de las herramientas más importantes de nuestra especie humana. Porque el dominio propio te permite estar en paz cuando estás en guerra.

Te puede estar yendo de lo peor, pero si tienes dominio propio, sabes que vas a seguir enfocado, o cuando alguien te hace enfocar y tienes la capacidad de dominarte, de no erradicar en tu identidad, ni siquiera tu temperamento, pero te permite mantenerte en el foco.

Yo sé que te preguntarás en este momento… Si todo esto está bien, pero se requiere de una profunda y analítica manera de observarme dentro, ¿verdad? Porque cuando sentimos la emoción, lo primero es daros cuenta dónde lo estamos sintiendo, y es una energía muy fuerte.

Tenemos mucho que ver cómo trabajamos nuestros conflictos internos. Si te das cuenta, es más fácil conocer a alguien por cómo reacciona, a cómo acciona.

Tú conoces a una persona por sus reacciones, esa es la realidad.

Ahora, si el conflicto está en el dominio de tus emociones, el conflicto controla, pero si tú dominas tus emociones, tú estás en el control del conflicto

Entonces, el dominio propio es un ejercicio que tenemos que trabajar todos los días y no tiene que ver nada más con serenidad y paz, sino con autoconocimiento de nuestras necesidades.

La gente que dice yo soy así y siempre voy a ser así y así me voy a morir. ¿Conoces a alguien así? Pues eso es ser muy incongruente, porque tenemos que buscar

la manera de ser siempre alguien mejor.

Pero la gente construye su personalidad y su identidad a través de sus malos hábitos o de ciertas costumbres y dicen: ¡yo soy así!

Muchos piensan que por costumbre se enojan por todo, que por costumbre son problemáticos o por costumbre son mediocres, y al robárseles esos hábitos ya no saben quiénes son porque han construido con ellos su realidad.

Entonces el dominio de nuestra identidad es fundamental para todo (negocios, amor, espiritualidad y trabajo).

¿Cómo cambiar estos hábitos?

LA VERDAD DUELE, PERO LIBERA

Hay que empezar por aceptar con humildad la verdad acerca de nosotros.

Uno es el que tiene que verse al espejo y decirse la verdad de lo que es.

Tienes que decírtelo a ti primero y aceptar quién eres. Si no aceptas con humildad la verdad acerca de ti, no podrás construir nada y lo que vas a hacer es construir sobre el fango.

Es tener muy bien la fachada, pero por dentro estar hecho pedazos y esa es la realidad.

Cuando confrontas la realidad de quién eres, te das cuenta que era tan grave como pensabas.

Aprender a dominar es que por ejemplo alguien

te haga enojar y pienses si realmente vale la pena enojarte, o si realmente te conviene molestarte, o si es útil amargarte. Ahí pones la pauta y dices... me conviene lo que voy a hacer no desde la parte egoísta sino lo que realmente conviene para tu vida.

¿Qué pasaría si llega un momento difícil económico a tu vida? Piensa que si te desesperas y te pones a patalear, lo único que vas a gastar es toda tu energía, porque quien no controla sus emociones se ahoga en el río de sus pensamientos.

Sea cual sea el problema que estés afrontando, es lo mismo si lo aceptas positivo y optimista que en el lugar negativo.

El dominio propio es un fruto del espíritu, es el fruto de cuando tú estás viviendo una vida espiritual y estás en congruencia con el mundo espiritual. Vivir en el espíritu te permite alejarte de todo lo que el mundo te dice que eres y debes de ser.

Recuerda que no existen los errores sino las lecciones.

JAULA DE ORO

odo lo que nos sucede tiene un porqué y toda adversidad nos enseña una lección.

Nunca lamentes tu pasado y acéptalo como el maestro que es.

Privada de una libertad de emociones y de la verdad, viviendo encerrada en una jaula de oro por miedo a la pobreza, pero había más pobreza mental en ese momento al ver mi vida atrapada en una burbuja donde solo la apariencia era mi compañera

La belleza termina cuando es cambiada por dinero. Las utilidades del dinero se pueden incrementar, pero la belleza física con el tiempo pierde su valor.

Me costó mucho entender que no podía someter más mi vida a un mundo de lujos a cambio de estar privada de mi libertad y permitir tantos atropellos psicológicos y morales por miedo a enfrentar mi realidad económica. Fue cuando comprendí que solo lo estaba haciendo por complacer a la sociedad, pero mi vida cada vez estaba más perdida y sola al ver que lo material no llenaba lo espiritual, y que si no enriquecía mi ser primero, moriría lentamente en un mundo infeliz de apariencias, de lujos por fuera, pero vacía y triste por dentro.

El día de mi despertar de conciencia me pregunté desesperadamente quién era yo, por qué estaba viviendo de ese modo y en qué momento había dejado de vivir por mí. No podía tener al hombre que amara así fuera pobre, pero sí vivir con amor y libertad. Así que escuché el llamado de Dios o del Universo o de la divinidad. ¡¡¡Y recapacité!!! Estaba viviendo en una jaula de oro que yo había construido a cambio de una vida libre. Mi mente me empezó a decir que yo no era capaz de generar los ingresos que me llevarían a una libertad financiera y una vida libre y feliz.

Pero siempre tu mente te querrá engañar para que no puedas avanzar. Entonces me aferré a Dios para que me devolviera mi libertad, porque realmente esa no era yo y no quería vivir más esperando la ayuda de un hombre con dinero, pero sin amor y encerrada en un mundo inmoral, de mentiras, de engaños y de apariencias y humillaciones donde se hacía todo menos lo que yo quería.

Después de vivir los más difíciles momentos y daños psicológicos para mí y mis hijos por el hombre que en su momento nos sostenía, y por quien fui burlada y maltratada por miedo a ser despojada de lo económico y enfrentarme a una vida donde sería yo la que construiría mi propio imperio, llegó mi momento de clamar al cielo para ser escuchada por Dios y liberada.

Y es que, querido amigo lector, Dios no nos abandona ni nos deja solos. Sencillamente nosotros tenemos un libre albedrío y Él nos da el poder de elegir nuestra vida y tomar nuestras propias decisiones, y de ahí las consecuencias y las bendiciones de acuerdo a nuestra elección de vida.

Yo había decidido el camino fácil solo por ser aceptada en un mundo superficial y de sociedad, y eso me fue llevando a la soledad de mi Corazón. Al ver que un coche de lujo, ropa fina y costosa, restaurantes de lujo, hoteles cinco estrellas, aviones y casa en el mejor lugar, no era vivir con amor en el Corazón y estar cada día más vacía al ver que no había paz interior ni mundo espiritual, solo porque el miedo me paralizaba de pensar que tardaría años en construir sola la vida soñada financiera y rodeada de los seres que amo y la pareja soñada y libre de mentiras y apariencias falsas, sin tener que pagar costosas cirugías para mantenerme siempre bella y regia para poder mantener la vida de dinero que deseaba y no tener que estar más atrapada en ese mundo irreal.

Solo cuando vas a tu cama en la noche y meditas y hablas con Dios te puedes dar cuenta, cuando llega el silencio de la noche, que nadie está por ti y que solo tu paz interior y el amor real es el amor de Dios, y que si Él no habita dentro de ti, nada puede reemplazar esa felicidad y satisfacción de saber que estás viviendo una vida llena de enriquecimiento espiritual, y que eso es lo que te lleva al poder para sentirte seguro de que puedes llevar a cabo lo que deseas y sueñas por tus propias manos. Las bendiciones te llegan por montón en el momento en que enfrentas esos miedos y te vuelves un guerrero cuando te das cuenta de que viniste al mundo con un propósito y una misión, y jamás a vivir la vida de otro o a brillar con la luz de otros, porque es ahí donde te encarcelas y te hundes en tu propia realidad.

LA RESPUESTA DE DIOS

Cuando escuché la voz de Dios al ser respondida, mi llanto y dolor y el grito de libertad que le pedí para ser liberada de mi Jaula de oro y poder salir y volar, El me respondió:

Sol, YO soy la abundancia, te he dado un corazón de dominio propio y tú has elegido; yo te he hecho libre para que puedas volar, pero te has alejado de mí y has elegido el camino doloroso, porque el camino amplio es el que te conduce a tu dolor. El estrecho te lleva a tu bendición. Te dejaste creer por tus miedos y me cambiaste por el mundo, pero yo soy tu Padre que todo te lo da y te provee, y yo te daré abundancia, pero serás obediente a mí y creerás en ti y en todo el poder que te he dado desde antes de nacer. No te he hecho menos que nadie. La capacidad de triunfar en todas las áreas de la vida yo se las doy a todos por igual, pero son libres de elegir sus caminos. Solo recuerda que yo te estaba esperando y soy paciente en cuanto escucho tu llamado. Ahí estaré y te sostendré.

Fui obediente, tomé acción masiva, confié y tuve fe, porque si Dios está conmigo, ¿quién contra mí?

Solté todo lo que tenía que soltar y le puse mi cara real al mundo. Empecé a leer libros sobre transformación y crecimiento espiritual. También me empecé a apoyar en la Biblia y en sus parábolas, busqué ayuda de un

mentor para aprender de Él y empecé a prepararme, porque sabía que para llegar a mi tierra prometida tendría que pasar por mi desierto y superar todos los obstáculos y miedos que tenía que vencer. Así que necesitaba ser monitoreada y fortalecerme para empezar a enfrentar mis desafíos y lograr mi objetivo principal, que era ya vivir en mi propósito de vida.

MIS DESAFÍOS

Empecé a vivir los momentos económicos más fuertes de mi vida, pero yo solo pensé en serle obediente a Dios, seguir sus palabras y apoyarme mucho en los consejos y enseñanzas de mi mentor. Y algo que aprendí es que cuando más oscura está la noche, más se acerca tu amanecer.

Pasé momentos muy difíciles; no encontraba trabajo. El nivel de vida se bajó y ya no pude pagarle la Universidad a mi hijo que se encontraba estudiando medicina en la Universidad más costosa, por lo que se tuvo que aplazar ese semestre y hablar con el padre de mi hijo el menor para que se lo llevara y por fin, después de trece años, se hiciera cargo de él, porque estaba tocando fondo y ya no había dinero ni para comer.

Tuve que tomar decisiones muy dolorosas para empezar a hacer las cosas bien. Quería sostener mi relación con mi pareja actual, porque ahí si era amor de verdad y no había interés económico de por medio, sino que lo único que quería era su apoyo moral y su compañía, ya que el miedo a sentirme sola me paralizaba. Pero era cada vez más retada también por ese lado, ya que él me había descubierto todas mis infidelidades anteriores con hombres que yo buscaba para que solucionaran mi vida económica, y así de algún modo yo seguir manteniendo esa falsa vida de apariencia y lujos que lo único que hacía era llevarme cada día más y más a la profundidad y a mi propia prisión.

Pero esta vez parecía que todo se quería poner en mi contra. Muchos amigos me dejaron de hablar al ver que ya no pensaba igual y ya no actuaba igual. Casi toda mi familia me dio la espalda, y los hermanos a los que más ayudé cuando estaba bien fueron los primeros en dejarme sola.

Cada día, los problemas con mi pareja se tornaban más fuertes por ese negro y oscuro pasado que parecía no querer dejarme en paz y me perseguía cuando más quería hacer las cosas bien.

Yo luchaba mucho para no recordar más ese doloroso pasado y me enfrentaba cada día al dolor de ir perdiendo todo lo que en algún momento fue mi orgullo y vanidad.

Ya no había más ropa de lujo, ya se había acabado el dinero que había ahorrado, ya no había más salidas a restaurantes caros, y mis hijos empezaban a vivir también junto a mí los desafíos que teníamos que enfrentar para renunciar a esa vida que llevábamos de apariencia que no nos pertenecía, ya que no venía de mi esfuerzo y de mi propósito de vida.

A veces, el dolor y la rabia de empezar a pasar necesidades en mi casa con lo que yo más amaba y los constantes reproches y reclamos de mi pareja me hacían dudar de mi fe.

Me sentía cansada y sin fuerzas. Todo se empezó a nublar en mi vida y empecé a entrar en depresión, sin ganas ni deseo de continuar la relación con mi pareja, cada día más mal. Mis hijos sin poder ser inscritos en el colegio y la renta sin poder ser pagada, porque se había acabado el dinero y ya no había ni para hacer las compras del súper.

Estaba derrumbada, pero con la absoluta fuerza de no querer volver a caer en las manos de un hombre por dinero por más difícil que se pusiera la situación. Y si mi pareja se tenía que ir, porque no me podía perdonar mi pasado, pues iba a tener que aceptarlo con tal de ser liberada y encontrar mi libertad y ya no volver a estar encerrada en una realidad que no me pertenecía ni alcanzada todos días por ese error de haber vivido en un Castillo de arena que en algún momento se derrumbaría, ya que no era construido por la fuerza de mi ser, sino por los miedos y por una sociedad que me impulsó a someterme a eso con tal de ser aceptada dentro de ellos.

Así que no pude más y pedí ayuda a mi mentor, porque mi mayor ilusión era escribir este libro que ahora estás leyendo en este momento.

Le puse un audio diciéndole que ya no podía más y que no resistía un día más de dolor, viendo cómo mi familia se desintegraba por la situación económica. Tenía por primera vez que separarme de mis hijos, porque yo no los podía sostener en ese momento y por ningún lado encontraba la solución. Estaba bloqueada para escribir, el dolor y la frustración invadían mi ser. Así que la respuesta de mi mentor fue…

«Usa tu desafío y tu dolor para ahora recanalizarlo en tu libro, porque si no eres capaz ahora y no haces lo que la mayoría no hacen, entonces jamás podrás lograr nada». Algo hermoso que me dijo, que fue lo que más fuerzas me dio, fue: «Sol, tu pasado tiene que morir para que Nazca un nuevo futuro». También me dijo… «Muchas personas se quedan en la culpa y en la preocupación, en la duda, en la inseguridad, en los miedos y en todo lo que tu mente te va a tratar de decir para frenar tus sueños e impedir que salgas victoriosa, y por eso tu vida no avanza, Sol, si sigues permitiendo que ese dolor te paralice. Debes saber que ahora todo está muriendo y que vibraciones similares vibran juntas, y tu vibración ha cambiado de frecuencia. Todo lo Viejo tiene que desaparecer y morir para que entre lo nuevo a tu vida. Sé que todo es muy doloroso y estás confusa, pero ya estás avisada, y es el momento de tener fe y tomar acción masiva.

También me explicó que cuando tu vida se pone incómoda, terminarás viviendo una vida cómoda, pero si tu meta es vivir una vida cómoda a corto plazo, pues terminarás viviendo una vida súper incómoda.

La mayoría piensa en placeres a corto plazo, porque la mente es cortoplacista y el alma es de progreso y avance superando todos los retos y desafíos de la vida.

Así que entendí y aprendí que Dios entrena fuertemente a sus mejores guerreros para llevarlos a sus batallas. Y que todo tiene que ser pasado por lo más doloroso para salir vencedor y hay que conocer la oscuridad para valorar la luz.

APRENDE A AGRADARTE
A TI MISMO

¡No! no es tu cuerpo ese molde que lamentablemente como sociedad hemos construido para ti y al cual es imposible de encajar, ¡no! No es tu cuerpo.

Y tu verdadero poder no está en él, está en tu intelecto, en tus principios y valores.

Tu valor tampoco está en tu apariencia, está dentro de ti, y lo que debería cambiar no es tu cuerpo... es tu perspectiva sobre él.

Enfoca tus preocupaciones y esfuerzos no en cirugíar tu cuerpo sino en tus logros... no eres un objeto, ERES TÚ.

No necesitas de más compras o de más productos para ser aceptado, o de verte como la sociedad ha determinado que deberías para ser aceptado o no.

Lo único que necesitas es tu propia aceptación por lo que eres y no por lo que no eres... y esa tarea es solo tuya y no se la puedes dar a nadie.

Eres una persona única e irrepetible por el simple hecho de que ERES TÚ.

¿Cuántas veces te has mirado al espejo y te has dicho que eres brillante y capaz, que no hay otro como tú y que te ves bien?

Importa, ¿lo sabías? Tu cuerpo escucha lo que tu mente dice, así que desecha cualquier pensamiento o cualquier voz que te diga que no eres suficiente, porque siempre, siempre, siempre serás suficiente.

Dice **Tyren Brumfitt** en una de sus conferencias: «Elévate, elévate a ti y a todas las personas más importantes para ti.

Expresa tu cuerpo y tu belleza por lo que son y no por lo que no son.

Sé una persona auténtica, sé tu tipo de persona favorita».

Tu carácter y espíritu no necesitan de un cuerpo perfecto, necesitan de un corazón amable y resaliente.

Cuando veas a tu cuerpo y te valores como eres, vas a sentir una gratitud enorme, porque tu cuerpo no es un adorno, es un vehículo, un instrumento para lograr tus sueños.

Porque la persona bella no es la de cuerpo perfecto, la persona bella verdaderamente es aquella que sabe que para serlo solamente tiene que ser ella y amarse con su imperfección.

Explico esto para las personas que especialmente no se aceptan a sí mismos como son físicamente y a veces cambian el ejercicio y una sana alimentación por costosas y dolorosas cirugías, y hasta poner en riesgo su propia vida con tal de saltarse un paso y

obtener resultados más rápidos por no querer pagar el precio del esfuerzo de lo que esto representa, y a la larga puede ser peor el resultado. Porque el camino fácil y el más rápido siempre termina siendo el más doloroso a largo plazo y para complacer a los demás.

¿Sabes?

Yo me cansé de complacer a los demás, debo admitir que por mucho tiempo pensé que agradar a otros, era una de las cosas más importantes de la vida.

Hoy ya no me parece que sea así, pero aún y cuando lo sea, ya no quiero hacerlo. He comprendió que soy una persona completa, antes temía el rechazo y no aceptaba la idea de no gustarle a alguien.

Esto hizo que mi mente se saturara por completo, llegué a punto que ya no tenía cabida para mí.

Llegué a un punto que ir por la vida era sinónimo de libertad. Ahora he comprendido que hay algo más importante que eso y es no hacer lo que no deseas.

Cuando eres incapaz de negarte a hacer algo, te encadenas a los deseos de otras personas. En algún momento sentirás que no estás haciendo nada de provecho por ti, incluso si te dicen que te agradecen el sacrificio que eso puede conllevar, complacer a los demás es una carga muy pesada, por eso aprendí que decir no. Significa que soy libre.

Hoy me apetece vivir mi vida como yo deseo, como yo la quiero, muchas veces esto implica quedarme en casa o salir con menos personas con las que creía necesario, y es que complacer a los demás te acerca mucho a ser un autómata, terminas haciendo lo que otros quieren porque crees que son más sabios y tal vez lo sean, pero... ¿cómo aprenderé si no tomo mis propias decisiones? ¿Cómo viviré? ¿Qué hacer? ¿Qué sentir?

Son cosas tan básicas y tan simples al mismo tiempo, comprender que el único que puede regir tu vida eres tú. Abre una cantidad de puertas.

Me han dicho ahora que soy más egoísta, es cierto y no me molesta, podrán decir que esto es malo, pero solo es así cuando lastimo a otros.

Mientras viva de tal forma que mis valores y seres queridos no salgan lastimados, ninguna decisión puede ser negativa

Lo siento por aquellos que habían definido una vida para mí, no me preocupa haberlos defraudado.

Porque sé que quienes me quieren desean lo mejor para mí. Los demás simplemente pueden marcharse de mi vida, si no querían lo mejor para mí posiblemente no deban estar aquí.

Y es que cuando me cansé de complacer a los demás, aprendí que hay mucha gente dispuesta a ayudar. Alguno estuvo en cada paso que di y otros solo cuando se lo pedí. Esto no significa que les importe a unos y a otro no, es solo que cada uno tiene su vida y no pueden enfocarse en la mía. Aprendí que los verdaderos amigos están ahí a pesar de todo. Cuando te necesitan lo dicen y cuando los necesitas están. Antes creía que nadie quería apoyarme, pero he aprendido que esa idea se debía a mi inseguridad.

No es que hoy sea perfecta, solo aprendí a amarme y a confiar en lo que valgo de verdad, y es que cuando dejé de complacer a los demás, también me alejé de las relaciones destructivas, de esas que con una palabra te hieren a propósito o que no están nunca a tu lado. Esas personas que me hacían sentir insegura ya no las tengo más.

Por eso hoy he decidido rodearme de amigos verdaderos, descubrí que son menos los que deseaba, pero justo los que necesitaba. Ya no estoy dispuesta a tolerar cualquier cosa para que me acepten. He debido decir adiós incluso a parte de mi familia. Claro que es más complicado, pero se trata de poner límites, tal vez a muchos no les gusta mucho, pero qué bien me sienta.

Y ahora yo te pregunto… ¿y tú?

¿Eres de los que van por ahí temiendo no gustar a los demás? ¿Vives tu vida con intensidad? ¿O vives la vida que te han dicho?

Si aún no dejas de complacer a los demás, te reto a que lo intentes un tiempo, date un mes de libertad para ti, solo un mes.

Aléjate de lo que no te gusta, deja de seguir instrucciones y vive por ti y para ti, y descubrirás que es una sensación que te llena y créeme que no querrás dejarla jamás.

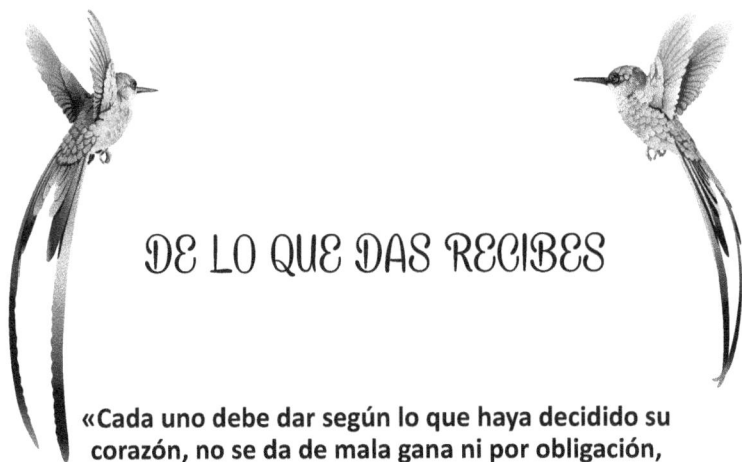

DE LO QUE DAS RECIBES

«Cada uno debe dar según lo que haya decidido su
corazón, no se da de mala gana ni por obligación,
porque Dios ama al que da con alegría».

2 Corintios 9:7

De lo que das recibes. Si das amor, recibirás amor en abundancia; si desprecias, te despreciarán; si contribuyes en ayudar a personas que te necesitan o compartes tus ganancias con alguien que lo necesite, más abundancia recibirás. Dicho de otra manera: en el área que des, de esa misma forma se te regresará.

Si no te gusta lo que estás recibiendo, párate y mira qué es lo que estás dando.

Siempre pensamos que no le debemos nada a nadie y olvidamos a aquellos que en algún momento hicieron algo por nosotros.

Y es algo que no podemos dejar pasar por alto y debemos ser conscientes de que de lo que damos es de lo que recibimos.

¿Has oído hablar del efecto del espejo? Si sonrío, el espejo me regresa una sonrisa. Así mismo pasa en nuestra vida y en este caso es igual, que recibimos lo mismo que proyectamos.

Uno de los graves errores que comete la gente es cuando damos esperando recibir, ahí ya estás dando sin amor y automáticamente nada sucederá, porque en el dar está el recibir.

Hay dos tipos de personas: los que están diseñados para dar y los que están diseñados para recibir.

Tenemos que tener plena claridad de que quien da debe ser equilibrado también, y no permitir ser usado. Porque cuando están diseñados solo para dar, pueden estar atrayendo solo a sus vidas a aquellos oportunistas que solo desean recibir sin dar nada a cambio, ni siquiera la generosidad o la gratitud.

Cuando hay un grado de valor y de autoestima elevada y de autoconocimiento fortalecido, podemos aprender a dar con amor, equilibradamente y sin llegar a ser utilizados o usados.

En mi caso, viví las dos caras de la moneda, yo fui una persona que di demasiado, pero daba tratando de ganar reconocimiento y aceptación y tenía mucha tendencia a atraer el tipo de personas que les encantaba recibir y no dar nada. Fui adicta a ese tipo de relaciones de pareja donde yo daba desmedidamente todo. Amor, ternura, regalos materiales, me ofrecía a pagar las salidas a cenar, los viajes, y todo lo dejaba por cuenta mía sin recibir nada. De la misma manera, sucedió con mis familiares. Yo atraía a todo el que necesitaba y todo el que estaba listo para recibir, y ahí estaba justo yo para solucionar todo.

Y por otro lado, estaba el hombre adinerado que me daba todo esperando algo a cambio de mí y sin

recibir mucho beneficio de mi parte, porque yo solo tenía claro que los tenía por una posición económica.

Y es que para todo creamos patrones y ellos se encargan de atraer de lo mismo.

Así que es muy importante revisar nuestra autoestima y nuestro valor personal, y saber que de lo que das recibes en todo aspecto, pero todo debe de ser equilibrado, y todo lo que des que sea con amor y sin pensar que estás dando para recibir algo a cambio.

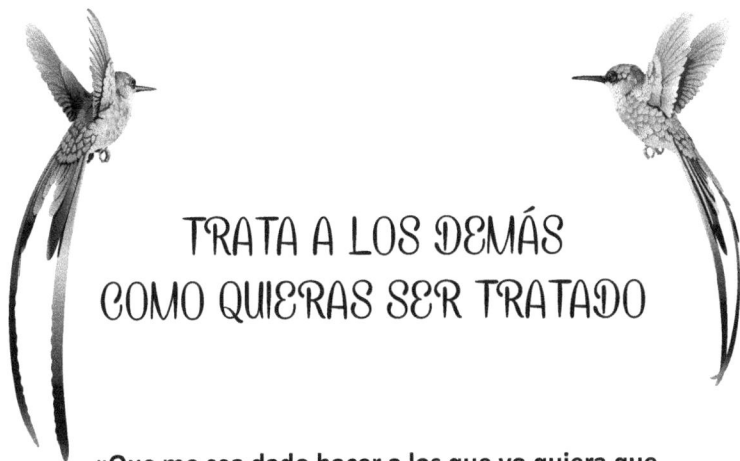

TRATA A LOS DEMÁS COMO QUIERAS SER TRATADO

«Que me sea dado hacer a los que yo quiera que me hicieran a mí».

PLATÓN.

En el **cristianismo:** «Todas las cosas que quisieras que los hombres hicieran con ustedes, así también hacerlas con ellos».

Tras este principio tan simple hay una escala de valores, una moral que pone como punto más alto a la coherencia y da sentido a la vida personal y social.

Hoy en día las relaciones entre las personas están contaminadas por la desconfianza, el cálculo, el aislamiento y el individualismo. La antigua solidaridad fue reemplazada por la competencia salvaje a la que no escapa ni la propia familia ni los amigos más cercanos.

Pero si se construyen relaciones en base al ideal de tratar al otro como quieras ser tratado, se abren las puertas a una nueva sociedad.

Pero este cambio no puede ponerse en marcha por medios violentos, imposiciones, fanatismos, o leyes externas, sino por medio de la opinión y la acción de todas las personas que viven con nosotros.

«Trata a los demás como quieras que te traten a ti», en este principio de conducta, hay dos cosas importantes: el trato que uno quiere de los demás y el trato que uno está dispuesto a darle a los demás.

a)- El trato que uno requiere de los demás.

El deseo común es a recibir un trato sin violencia y a reclamar ayuda para mejorar la propia vida. Esto es válido aún entre los más grandes violentos y explotadores que piden la colaboración de otros para sus intereses injustos. El trato requerido es independiente de que se está dispuesto a dar a los demás.

b)- El trato que uno está dispuesto a dar a los demás

Se suele tratar a los otros utilitariamente como se hace con los objetos, con las plantas y con los animales. No hablamos del trato exagerado y cruel porque, después de todo, no se destruye a los objetos que se desea utilizar.

En todo caso se cuida de ellos, siempre que rindan alguna utilidad hoy o mañana.

Sin embargo, hay algunos »otros": son los llamados «seres queridos», en los que su sufrimiento y alegría nos producen fuertes conmociones.

En ellos se reconoce algo de uno y se los tiende a tratar del modo en el que se quiera ser tratado. Hay pues una diferencia entre los seres queridos y aquellos otros con los que uno no se identifica.

c)- Las excepciones.

Con referencia a los «seres queridos», se tiende a darles un trato de ayuda y cooperación. También sucede con aquellas personas extrañas con las que nos identificamos, porque la situación en la que el otro se encuentra hace recordar la propia situación, o porque se especula y el otro podría «ser ayuda» para uno. En todos estos casos se trata de situaciones particulares donde no son iguales todos los «seres queridos» y nos referimos a todos los extraños.

Observemos qué trato queremos dar a nuestros amigos, pareja, familia y trabajo. Compara y saca conclusiones.

d)- Las simples palabras no fundamentan nada.

Uno desea recibir ayuda, pero ¿por qué habría de dar a otros?

Palabras como «solidaridad» o «justicia» no son suficientes; se dicen falsamente, se dicen sin sentirlas. Son palabras que se suelen utilizar para obtener la colaboración de otros, pero sin darla a otros.

Esto puede llevarse más allá todavía, hacia otras palabras como «amor», «bondad», etc. ¿Por qué se habría de amar a alguien que no es un ser querido?

La regla de oro no puede convertirse en una nueva moralina de hipocresía, útil para controlar el comportamiento de los otros. Cuando una «moral» sirve para controlar en lugar de ayudar, para oprimir en lugar de liberar, debe ser superada por la necesidad de crear nuevas formas de trato entre las personas.

La regla de oro no impone una conducta, ofrece un ideal, y un modelo a seguir, al mismo tiempo nos permite conocer nuestra propia vida.

Esta actitud tan simple de la que puede salir una moral completa, nace del ser humano sencillo y sincero.

Quiero darte un consejo que me ayudó mucho en esta área de mi vida y espero que también a ti te ayude:

Proponte cambios de conducta en el trato con las otras personas. Mire en su medio inmediato y propóngase cambios con el trato de su familia, con su pareja, con sus amigos, con sus compañeros de trabajo etc. Orientando la propia vida por este principio se pueden experimentar grandes y positivos cambios en la vida de uno y de quienes nos rodean, propiciando así el avance a la no-violencia y a la solidaridad.

CAMINO A LA LIBERTAD

Una de las claves para poder avanzar y liberarnos de todo lo que nos impide ser libres es eliminar «el resentimiento».

Si puedes dejar en libertad tus resentimientos a fin de poder crecer, creme que será una experiencia maravillosa donde vivirás más livianamente y podrás transitar el camino de la vida a mayor velocidad en tu crecimiento personal y espiritual.

El resentimiento va a acompañado de la culpa, debido a que muy dentro de nosotros notamos que somos responsables de lo sucedido.

Hemos sufrido innecesariamente las emociones dañinas que dejan la culpa.

Si hubo abusos en nuestra niñez, si ha habido abusos y maltrato en nuestras relaciones actuales. Si nuestras personalidades han sido distorsionadas al intentar lidiar con lo que ha ocurrido y se ha buscado remedio para el dolor mediante caminos destructivos, como drogas, alcohol o caer en situaciones que nos lleven a vivir inconscientemente lo mismo. Todo esto al final te lleva a una culpa y a un resentimiento.

Ahora tú eres responsable por hacer estos cambios y rendir tu vida a un poder más elevado. Al reconocer lo que nos causa dolor, tristeza, resentimiento, culpa, ya estás asumiendo plena responsabilidad de quién eres.

En esta esta etapa es muy saludable dejar que las lágrimas corran, lavando todas tus heridas y todo lo que se ha acumulado alrededor de ellas, limpiando el alma.

La verdadera sanidad vendrá solamente por la confesión y el procesamiento del dolor; y así puedes entrar a la etapa del perdón, aceptación y sanación.

Hay muchas formas de sentirnos atrapados o encarcelados en la vida. Puede ser en relaciones tóxicas, abuso del sexo, vicios, juegos, alcohol, drogas, trabajo, o cualquier tipo de adicción que nos tenga acorralados. Recuerden también que todo en exceso es daño a la larga para nosotros mismos.

Pero hay que analizar, porque casi en todas las ocasiones son excesos en respuesta al dolor interno, y en lugar de escapar caes más y más en lo mismo.

Pronto nos damos cuenta de que estamos atrapados en la acción sin ser capaces de dejarla.

Recuerdo algo cuando de niña vi a un compañerito que estaba montado en un carrusel con otros niños y entonces los mayores empezaron a hacer girar el carrusel a mayor velocidad y mi compañerito empezó a gritar horrorizado. Cuando su madre lo pudo rescatar, le dijo llorando: «¡Mamá, no podía bajarme ni tampoco sostenerme!»

Así mismo nos pasa en algún momento de la vida a todos, no podemos soltarlo, pero tampoco podemos continuar sosteniendo este tipo de adicciones.

Y la pregunta es: ¿por qué haces estas cosas?

Una adicción es cualquier cosa que se hace para cambiar una realidad, es un esfuerzo por alterar sentimientos y sensaciones internas mediante la manipulación de sustancias, gente o hechos externos.

Todo esto se vive cuando hay hambre espiritual o emocional, entonces es cuando echamos mano a un agente adictivo.

¿Estás pasando por algún tipo de estos síntomas?

¿Tienes una vida de dolor y falta de realización?

¿Tienes codependencia?

¿Conductas obsesivas?

A veces sentía que no tenía control en mi vida y me preguntaba con frecuencia, ¿quién controla mi vida?

Parecía que no tuviera control sobre las personas y la gente que me rodeaba, pero, sin embargo, todos me decían que era una controladora. Y entonces caía y caía en la codependencia afectiva y en el alcohol al ver que no podía controlar mi vida y todos la manejaban a su antojo.

Pues así mismo pasa con cualquiera de estas adicciones, sea cual sea el motivo que te lleva a echar mano a una de ellas, y es el camino a la libertad, pero libertad adictiva. Por eso también decidí escribir este libro, porque fui víctima de algunas de estas adicciones y pude salir de ellas. Les contaré cómo fue mi paso para encontrar el camino a la libertad.

La mayoría de personas que se recuperan cuentan la historia como una experiencia que les duró toda la vida.

Cuando yo estuve tan metida y sentía que no tenía salida mi pregunta fue: ¿qué puedo hacer para avanzar un poco más allá del dolor? Era un proceso continuo hacia mi destino.

Y también le decía a Dios: si realmente me amas, ¿por qué no me ayudas a salir de este problema que tengo?

Llegué a un grado de mi vida que no sabía a qué era más adicta, si al alcohol o a las relaciones toxicas y codependencia afectiva.

Y pensaba en algunos momentos que a Dios no le importaba lo que me pasaba. Ahí fue cuando empecé a acercarme y a conocer más a Dios.

Aprendí a reconocer las bendiciones disfrazadas, y que Dios actúa de alguna manera, lenta, gradual y no una cura rápida.

Lenta, porque te permite crecer gradualmente. Tal vez tú das cinco pasos adelante y retrocedes tres, pero estás dando lugar a un proceso de refinamiento. Puedes estar acercándote a bendiciones ocultas cuando estás atravesando los pasos de la recuperación de tu ser. Por eso es muy importante de no dejar de estar creciendo cada día, leyendo para tu crecimiento y desarrollo espiritual, juntarte con personas que hayan salido vencedoras del tema y de quien realmente tenga frutos de su transformación y te apoye, y alejarte de entornos que te contaminen en tu proceso de sanación.

> «Tu pasado tiene que morir para que empiece tu nuevo futuro».

LAIN GARCÍA CALVO

Una de las cosas que hice fue reemplazar a Dios por personas o situaciones que me hundían más, y cuando empecé a tomar conciencia de que no solo me estaba haciendo daño a mí, sino a mis hijos, y que mis límites estaban siendo traspasados, fue cuando me di cuenta de que ya algo andaba muy mal en mi vida.

Había pasado tanto tiempo en mi vida tratando de adivinar lo que otras personas querían que yo fuera o hiciera que había perdido de vista quién era yo realmente y para qué había venido a este mundo. Y empezaba a estar segura de que no solo había venido a sufrir y morir.

Empecé a preguntarme quién era yo realmente y cuál era mi identidad, porque sentía que mi identidad estaba ligada o involucrada totalmente a mi pareja o a alguien más o en algo más.

Era muy insegura de mí misma y me aferraba siempre a una persona que estuviera siempre en mi vida.

Me llenaba de ansiedad si esa parte me faltaba o llegaba la noche y me encontraba sola. Llegué a estar dependiendo exageradamente de alguien para que controlara mi vida.

Un día pensé en hacer las paces con Dios y reconciliarme con Él. Escuché que el primer paso es el cimiento, que es la reconciliación con Dios en primer lugar. Y lo hacemos cuando le pedimos perdón por lo que hemos hecho. Esto nos da el valor y convicción de enmendarnos frente a otros según también las enseñanzas de Jesús.

Cabe decir, amado lector, que cuando empiezas este proceso de transformación y liberación para lograr el camino a la libertad, vas a tener que atravesar el mismísimo infierno. No te digo que sea fácil ni de la noche a la mañana. Tu cambio es muy doloroso y pasarás por muchas y te caerás no una, ni dos, ni tres, tal vez muchas más, como fue mi caso. Cada vez que pensaba que lo estaba logrando, algo pasaba que me llevaba a dar tres pasos atrás y recaer.

Recuerdo el final después de mi transformación, cuando yo pensaba que ya todo iba por buen camino y que ya por fin había terminado con mi doble vida, había dejado a los hombres por dinero, había superado el tema del alcohol y ya empezaba una relación en paz y limpia con mi pareja, ahí fue donde vino la prueba más dura. Y ¿qué crees que pasó?

Obvio, para este proceso tuve que irme cuatro meses a Europa, donde estuve lejos de mi entorno y de mi pareja actual, porque necesitaba encontrarme conmigo misma, conocerme y aprender a amar mi soledad, ya que desde los quince años siempre había estado con un hombre y no podía estar sola ni un día. Terminaba una relación y ya tenía que tener lista otra, y también refugiada en el alcohol, y te recuerdo que siempre atraía el mismo tipo de relación tóxica, manipuladora y posesiva de ambas partes. Porque «vibraciones similares vibran juntas» **Lain García Calvo.**

Así que estuve cuatro meses en mi proceso de transformación, donde pude encontrarme conmigo

misma, donde asistí a un evento intensivo de sanación del alma, de perdón y empoderamiento personal.

Al terminar el evento de dos días, cada uno de quince horas, donde tuve la oportunidad de caminar sobre el fuego y vencer mis miedos, pensé que ya estaba lista para regresar y enfrentar todos los desafíos de ahí en adelante sin dejarme contaminar ni derrumbarme de nuevo.

Cuando regresé, el destino me hizo una mala jugada; regresé muy enamorada de mi novio y amando más que nunca a mis hijos. Ya había conectado con mi propósito de vida y sabía ya lo que quería. Venía feliz porque mi pareja me había dicho que, en cuanto llegara, nos casaríamos y empezaríamos una vida juntos de cero. Estaba ya muy tranquila, porque mi doble vida había terminado y ya no escondía nada, y venía con la plena convicción de hacer las cosas bien y de por fin ser feliz, llevando una vida en paz y sin problemas de adicción. Regresé llena de ilusiones y de planes por las promesas que me había hecho mi novio y por mi transformación. Pensaba que, como él me había esperado esos cuatro meses, era una prueba suficiente más el haberme perdonado por haberle sido infiel en la época que usaba a los hombres para sostener una vida de lujos y no dejarnos caer económicamente. Entonces pensaba que ya habíamos superado todo lo más difícil que puede vivir una pareja y estábamos listos para vivir en armonía y con Dios en nuestro corazón, guiando nuestros pasos. Pero el día antes de viajar de España a México, que es el país donde resido ahora, pasó lo inesperado.

EL TREN QUE SE LLEVÓ MI DINERO

Me hospedé en un hotel cerca de donde se hizo el evento de mi transformación. Asistieron más de 700 personas y estaba feliz, porque un nuevo camino me esperaba. Así que recogí mi maleta de mano y mi bolso para irme a la estación del tren donde tomaría el ferro que me llevaría de regreso a casa de mi hermana. Allí me esperaba también mi hijo el menor, que se estaba tomando unas cortas vacaciones mientras ya yo terminaba mi proceso de sanación. Iba feliz a contarle a mi familia la hermosa experiencia que había vivido esos dos días en el evento. Empaqué las maletas para regresar a casa después de cuatro meses de ausencia. En mi maleta me acompañaban más de diez libros que había leído durante mi estadía allá, mi cabeza llena de información y mi alma renovada.

Me subí al tren con destino a Vilasar de Mar que era el pueblo cerca de Barcelona donde vivía mi hermana con su esposo y mis sobrinos, y donde me esperaban todos ansiosos por escucharme.

Sentí muchas ganas de orinar, así que pregunté dónde quedaba el baño en el tren. Al entrar cerré la puerta, pero no vi ningún seguro para ponerle, así que pensé que funcionaba de esta forma. Llevaba un sobre de tela donde guardaba mi pasaporte y todo mi dinero, con el que pensaba regresar a casa, y una toallita húmeda, y en cuanto la saqué para hacer uso de ella, se abrió la puerta del baño. En mi afán de correr a cerrarla, tiré la carpeta con mi pasaporte y mi dinero al piso sin darme cuenta. En cuanto terminé de orinar salí del baño olvidando mi carpeta.

En la siguiente parada me bajaba y caminaría quince minutos a casa de mi Hermana. Todo iba sucediendo como si nada hubiera pasado. Aún yo no me había dado cuenta de que venía sin mi carpeta. En cuanto llegué a casa fui a sacar mis pertenencias del bolso, porque era un bolso que mi Hermana me había prestado, y es ahí donde vi que había perdido todo mi dinero y mi pasaporte en el tren. Ya no podía hacer nada más que bendecir a la persona que se había encontrado ese dinero, tomar todo con calma y empezar a pensar cómo solucionaría lo de mi pasaporte, porque al siguiente día era mi vuelo a México.

La embajada Colombiana me dio un pasaporte de emergencia para regresar a casa y viajé con mi hijo sin dinero, pero llena de ilusiones, porque yo sabía que el dinero lo iba a recuperar trabajando en algo cuando llegara, aunque tomaría tiempo en reunir esa cantidad. Pero lo que más me importaba era que estaba de regreso y que mi novio me esperaba para empezar los preparativos de la boda y de mi nueva vida.

Estaba un poquito triste, pero había aprendido en mi proceso durante mi viaje que mi pasado tenía que morir para darle la bienvenida a mi nuevo futuro. Ese dinero eran ahorros del hombre que me había ayudado durante mucho tiempo bajo humillaciones y una vida que no me pertenecía, donde a cambio perdía mi integridad y mis valores con tal de no caer de nuevo en la pobreza. Y era algo de lo cual había ya renunciado y había enterrado junto con mi pasado, así que le vi lógica el haberse quedado ese dinero en ese tren con un pasaporte de la UE, lleno de sellos de todos los países que había conocido con ese hombre millonario, pero donde no había sido feliz, sino que lo había hecho por compromiso y a cambio de vivir una vida de rica. Así que también tenía que desaparecer y empezar una nueva vida con un pasaporte limpio y empezar a construir mi futuro desde cero. Creo que fue la primera prueba dura que me puso Dios para ver cómo salía de esa.

Tenía planeado llegar y cubrir mis gastos de la casa durante un mes, reinscribir a mi hijo en el semestre de medicina y a mi otro hijo pequeño que entraba a la secundaria. Tres mil euros me iban a ayudar a sostener durante un mes o un poco más mientras empezaba a trabajar en algo y empezar una vida limpia y digna.

Pensé que solo era ese fuerte desafío el que iba a afrontar empezando mi nueva vida. Pero no fue así.

Y es que parecía que la vida no quería dejarme escapar de ese doloroso pasado y se empeñaba en tirarme hacia atrás. Mi novio me confesó que ya no me amaba como antes y que pensaba que estaba enamorado cuando yo estuve lejos, pero al verme ya de regreso pudo darse cuenta de que se habían apagado mucho sus sentimientos hacia mí y que tampoco podía olvidar mi infidelidad. Así que todo empezó a ir de mal en peor.

No solucionaba nada para conseguir dinero ni para producir, nadie me daba trabajo, y los dineros que había prestado a mi familia no me los pagaron. Así que empezó todo como una bola de nieve a crecer y crecer, los problemas con mi pareja empeoraron y llegó el día en que ya no había dinero ni para comer, no pude pagar el semestre en la Universidad ni tampoco el colegio de mi otro hijo. Y llegó el momento más doloroso y el que jamás pensé, y fue decirle al padre de mi hijo el menor que se lo llevara de regreso a Colombia, ya que no tenía cómo alimentarlo ni cómo sostener ya mi casa.

Las rentas se empezaron a acumular y no podía continuar más en esa casa si no pagaba. Mi novio me había confesado que no me amaba ya igual y que ya no nos casaríamos. También discutíamos mucho por mi pasado y era algo que Él no podía superar. Y yo tenía que seguir pagando mi mentoría, porque mi ilusión era terminar este libro que era mi gran obsesión y mi mayor sueño. Cuando empecé a escribirlo, no sabía todo lo que iba tener que pasar.

Al inicio, pensé en escribirlo para contarles cómo fue mi despertar de conciencia, cómo fue mi vida y lo que me llevó a vivirla de ese modo. También cómo fue mi despertar y mi cambio radical, pero jamás pensé que en pleno dolor y sufrimiento lo fuera a escribir.

Más adelante entenderán por qué el tren se llevó mi dinero y mi pasaporte, pero tiene una respuesta y se la contaré.

LA RECAÍDA

Amado lector, quiero ser tu amiga en esto y contarte cómo viví esa recaída, cuando pensé que ya había superado todo y había empezado mi camino a la libertad.

Quiero compartirte esto porque tal vez tú o alguien que conozcas esté o haya pasado por esto, y mi historia pueda ayudarte a superar lo que sea porque yo lo hice, y recaí una vez más, pero al final salí vencedora.

Por eso te decía en las páginas anteriores que no es fácil. Tu mente siempre estará atacándote por donde más débil seas y querrá hacerte regresar a tu zona de confort o a donde vivías una vida que no te pertenecía, pero tu verdadero desafío llega cuando estás listo para vencerlo y conquistar tu mente con el deseo de tu alma. Esa es tu misión.

Recuerda siempre que para ganar una medalla hay que entrenar muy fuerte y superar todos los obstáculos; que detrás de los grandes desafíos viene la bendición y jamás puedes darte por vencido porque tal vez en el último suspiro está la bendición.

Un día, cansada y dolida de no ver luz por ningún lado, terminé sentada en la barra de un bar tomándome unas copas y llorando desesperadamente. Por qué, Dios, por qué me has probado tan fuerte y por qué me dejas caer de nuevo, si yo fui e hice un viaje de cuatro meses buscando mi transformación y mi perdón, y ahora que regreso llena de ilusiones y con el deseo y las ganas de ser fuerte, de trabajar y ganarme mi dinero por mis propias manos, segura de ser fiel y firme en mis principios, ¿por qué me pruebas por el lado más débil?

Por el lado de mi pareja, que era la codependencia que ya pensaba que había superado, y por el lado del dinero, sabiendo que era algo que me dolía, porque ya había vivido una niñez de escasez y había terminado viviendo de los hombres y no quería volver a caer.

Pero sabía en medio del dolor y el desespero que no le iba a fallar a Dios y menos a mí, porque el compromiso era conmigo y con DIOS.

Pero jamás pensé volver a caer en el alcohol y ahí estaba yo de nuevo en una barra en un bar desahogando mis penas.

Había recaído y de nuevo estaba consumida en el victimismo.

Sentía dolor por no haber sido fuerte y haberme dejado ganar de la mente y de los obstáculos. Pensaba que no era capaz de lograr nada. Pero ya no quise pelear más con el destino, ni con la vida, ni con la mente y solté.

Era el momento de aplicar lo aprendido y de vencer los desafíos, y fue cuando comprendí: si el oro es oro tendrá que pasar por el fuego y resistirá. Y que nuestro pasado tiene que morir y es doloroso el proceso. También las Viejas creencias se resisten a morir y buscan sobrevivir atrayendo situaciones que te lleven a dar ese paso en reversa, porque tu mente busca protegerte y tenerte en la misma zona de confort; el avance en tu vida representa peligro para ella y su misión es que tú sigas con tu antiguo Sistema de creencias viviendo la vida que no te pertenecía.

Al final, pude lograr ganar la batalla y decidí dar un paso de fe real y dejar que Dios borrara mi historia y escribiera una nueva.

Por mucho tiempo soñé con algo, y todo lo que empezaba lo dejaba a medias, así que en medio de la tormenta que atravesaba mi vida, me propuse escribir este libro. Como puedes ver, lo logré, y ahora tú lo tienes en tus manos, porque fue ahí donde empecé mi camino a la libertad y donde me liberé y salí vencedora de toda adicción, y hoy soy libre de todo tipo de adicción.

Aprendí que el amor de mi vida soy yo, que me casé con mis sueños, y que todos los desafíos de la vida son para hacernos más fuertes y dejar un legado verdadero con nuestra propia experiencia de vida.

Amo mi pasado porque gracias a él hoy soy lo que soy: con una historia de fuerza, coraje y superación y viviendo en plena libertad.

LOS DESAFÍOS Y LOS MIEDOS

Las personas controlamos las emociones por las circunstancias o por el carácter, si alguien te trata mal, tus emociones te dirán dale lo que se merece y eso no requiere de ninguna disciplina.

Cuando tu fuerza está bajo control y has desarrollado tu carácter, entiendes que no dejarás que nada te derrote, porque tienes metas que lograr y sueños que cumplir y eres mayor que eso.

«El apóstol san Pablo no oraba para que las personas fueran liberadas de sus problemas, oraba para que Dios les diera la fortaleza de atravesar los desafíos con una Buena actitud».

A veces pensamos: Dios, si me dieras un mejor trabajo; Dios, si enderezaras a mi hijo; Dios, si me dieras más dinero... y nos la pasamos pidiendo y pidiendo, pero no nos damos cuenta de que para que cambie una situación, debemos empezar por nosotros mismos.

Tú tienes el poder de vivir una vida llena de gozo llena de fe y llena de paz.

El miedo es la falta de confianza en nosotros mismos, debido a eso no confiamos en que estamos protegidos en un plano superior, de modo que necesitamos controlarlo todo en el plano físico. Es lógico que sintamos miedo porque no podemos controlar todo en nuestra vida. Cuando deseamos recuperar nuestros temores, aprendemos a confiar.

Confiar en el poder que está conectado con la inteligencia infinita es dar el salto de fe.

Confía en lo que es invisible en lugar de confiar en el mundo físico y material.

Si confías vas a pasar por la vida con mucha más facilidad. Confía aun cuando no tengas el control físico y de todo lo que suceda a tu alrededor; cuando surja un pensamiento de temor, háblale a tu mente y agradécele por querer protegerte. Reconoce que el temor es un pensamiento que está siempre ahí protegiéndote.

Cuando tienes un susto físico, tu cuerpo bombea adrenalina para protegerte del peligro y lo mismo sucede con el temor que fabricamos en la mente.

Identifica tus miedos, piensa que no son tú, piensa que solo están en tu mente. Puedes liberarte del miedo con mucha rapidez si así lo deseas. Todo depende de ti.

El miedo es una limitación de nuestra mente y es el mecanismo de defensa que ella usa para protegerte.

Decir afirmaciones positivas en los momentos de miedo vence todos esos temores, porque es una herramienta ponderosa que cambia tus pensamientos de miedo por fe.

Todo está en nuestro interior, recuerda que el miedo es lo opuesto al amor y cuanto más estamos dispuestos a amarnos, más atraemos esas cualidades hacia nosotros.

Cuando empiezas a experimentar situaciones de mala racha y que una cosa trae otra y, como si la historia no fuera a acabar así mismo, pasa cuando nos amamos y confiamos en nosotros, atraemos una y otra cosa buena más y más a nuestra vida.

Ámate para que puedas tener una vida en paz, busca una conexión espiritual y esfuérzate por mantenerla.

La respiración es muy importante cuando estamos tensos y asustados por alguna situación, la respiración abre tu poder interior, fortalece tu columna vertebral, abre la caja torácica y le da más espacio al corazón para dilatarse.

Al manejar la respiración, te expandes en vez de contraerte, el amor fluye dentro de ti y puedes acompañarlo con afirmaciones positivas.

Es necesario dar salida a los sentimientos, permítete llorar, párate en frente del espejo y háblate y di todo lo que tengas que decirte para liberar la tensión y el dolor. Esto es un ejercicio muy Bueno porque liberas lo que le hace daño a tu cuerpo y no retienes esos sentimientos de miedo y de frustración.

No es fácil, pero hazlo y te vas a dar cuenta de cuánto descansa tu alma.

El miedo paraliza y te roba tus sueños, no te deja avanzar y te enferma.

Una forma de vencer los miedos es preguntarte qué es lo peor que podría pasar, porque muchas veces

nos preocupamos por cosas que nunca suceden. Por ejemplo, cuando vas a hacer una inversión te preguntas: ¿qué pasa si la pierdo? Tal vez no pase nada grave, ni se te acabe el matrimonio, ni te vas a enfermar, ni nada de lo más grave que pienses que podría pasar.

Los desafíos son algo que siempre los grandes vamos a tener, y los desafíos nos sacan de tu zona de confort.

A veces hay situaciones que no podemos controlar, pero lo que sí podemos controlar es nuestra actitud de como reaccionamos frente a los desafíos, y si no asumes todo con responsabilidad y buscas culpables, entonces no saldrás nunca del victimismo

Recuerda que tienes que llenarte de autoconfianza, de amor propio y de mucha seguridad para que puedas vencer cualquier desafío y no te dejes vencer por el miedo.

Todo aquello a lo que nos enfrentamos es lo que nos hace volver a renacer.

Perdónate a ti mismo, y perdona todo lo que no entiendas, la actitud de la gente, los pensamientos y todo lo que no logres entender. Todo puede cambiar si tú quieres.

El miedo te bloquea y no te deja cumplir tus sueños. Tú viniste al mundo a trascender, a dejar huella, pero lo primero que necesitas hacer es programar tu mente para el éxito. Porque tú lo tienes todo para triunfar.

Recuerda que la vida es lo que tú hagas de ella, y la calidad de la forma como tú vives depende mucho de las emociones que vayas experimentando día a día, y son sentimientos positivos como el amor, la tranquilidad, la felicidad, o sentimientos negativos como el miedo, la ira, el sufrimiento o el temor.

Y todas las emociones tienen el origen en el pensamiento, ya sean positivas o negativas, se originan del pensamiento.

Una emoción es la sensación que te permite estar alegre o estar triste y también según tus creencias.

Todos los pensamientos negativos te alejarán de tu proceso del éxito.

Pero si experimentas emociones de felicidad, tranquilidad, optimismo, serenidad, ahí se te da todo lo que deseas porque piensas de una forma positiva y esos pensamientos positivos son los que te traen sentimientos de esperanza, sentimientos de confianza, y finalmente te llevan a tener Fe y a alcanzar el éxito.

Te cuidado con lo que piensas, porque eres el resultado de tus pensamientos.

No le permitas a los pensamientos negativos que sigan teniendo el control de tu vida y programa tu mente al éxito. Y lo logras tomando el control de las emociones, no sueltes las emociones, contrólalas y todo cambiará.

Si los resultados que has obtenido hasta hoy, no es lo que querías o lo que esperabas de tu vida, es porque no has aprendido a controlar tus pensamientos a través de tus emociones.

Si sientes miedo al rechazo, al futuro, a los resultados, es porque tienes preocupación y eso significa que te preocupas antes de tiempo.

«Cada día trae su propio afán».

JESÚS.

Por eso debes tener fe en ti mismo y no anules más tu vida con tus creencias limitantes.

Lleva el control de tu vida e identifica la emoción por la que estás pasando, cámbiala por un pensamiento de esperanza. Por un pensamiento que te produzca alegría, no dejes de que la emoción negativa entre. Tú tienes el poder de cambiar tu pensamiento al instante.

Por eso trata todo lo posible por hacerte sentir bien y hacer sentir bien a las personas que te rodean.

Es normal que tengas sentimientos de tristeza y de preocupación, pero lo que no es normal es mantener esos sentimientos dentro de ti.

Recuerda que la vida primero prueba tu fuerza y después prueba tu debilidad.

Tú eres el responsable de tu propia vida y, para lograr el éxito, vas a tener que pasar algunos obstáculos como desaprender algunas creencias, desaprender creencias limitantes y adquirir la clave del éxito que es la disciplina y la perseverancia, porque el éxito no es lo más importante, el éxito es lo único importante.

No te auto sabotees y aprende a controlar y superar los temores.

El miedo te lleva a la ira, - la ira te lleva al odio - y el odio te lleva al sufrimiento.

El miedo y los temores no son lo mismo.

EL MIEDO: son los factores externos que ayudan a mantener un instinto de supervivencia y de protección del ser humano.

Los seres humanos genéticamente nacemos con dos miedos: el miedo al ruido y el miedo a caernos.

LOS TEMORES: Son factores internos, es la construcción de lo que tú has hecho y no te protege sino te destruye poco a poco, porque el temor acaba con tu entusiasmo, con tu tranquilidad y con tu confianza.

El temor te paraliza y te impide lograr tus metas.

MI PROPÓSITO DE VIDA

uando era niña escuchaba a mi madre hablar de la prostitución como algo demasiado terrible e inmoral. Ella se refería a ese tipo de mujeres como lo más pecaminoso y malo.

Cuando crecí supe de qué se trataba al darme cuenta de que era un tema muy común en mi país a raíz de la pobreza que atravesaban miles de mujeres y no encontraban otra salida más que vender su cuerpo.

Dicen que lo que uno más odia, a la casa le llega. O por lo menos ese era el dicho de mi madre.

Jamás en mi vida pensé tener que pasar de alguna forma por este doloroso y cruel camino, donde viví las peores experiencias de mi vida para poder darle solución a mis problemas financieros en mi casa y poder sostener a mis hijos en momentos de crisis, y al ver que no encontraba otra solución.

Pero también quiero hacer énfasis en este punto y es que cuando perdemos la vergüenza a algo, estamos perdiendo los principios y los valores, y el dinero mal habido se evapora, el dinero mal habido es maldito y tú nunca vas a ver que el dinero mal habido rinda, y ¿por qué? Porque podemos engañar al mundo, pero a Dios, que lo llevamos dentro, nunca podremos engañarlo, y hay algo muy claro y es que no podemos negociar los principios que nos dieron nuestros padres y los valores para ser una persona recta, digna y honesta, pero ante todo con vergüenza.

> **«Abandone el impío su camino, y el hombre inicuo sus pensamientos, y vuélvase al SEÑOR que tendrá de él compasión, al Dios nuestro, que será amplio en perdonar».**
>
> **Isaías 55:7**

Cuando decidí apartarme del hombre que me humillaba y me hacía pasar situaciones indeseables a su lado, sometida a todo tipo de abuso y atropello psicológico y físico, no solo a mí sino a mis hijos también, las cosas empezaron a ir mal en casa en todo lo que se tratara de dinero, y por más que trataba de inventarme mil formas para producir dinero sola, vendiendo una cosa y otra, nada nada resultado, o por lo menos no ganaba lo suficiente para sostener mi casa.

Para ese entonces, ya vivía con mi nueva pareja, quien era todo lo opuesto: no era millonario y no ganaba lo suficiente para poderme ayudar con los gastos de la casa, o eso era lo que decía. Así que todo el peso de la casa era para mí sola.

Estaba ya acostumbrada a llevar una vida de alto nivel, porque así me había acostumbrado desde que prometí no volver a pasar una vida con escasez. Así que sostener esa apariencia debería recibir altos ingresos, los cuales no alcanzaba a lograrlos sola y menos en los trabajos que desempeñaba.

Así que pensé en viajar a Europa a trabajar en algo que me diera más resultados financieros. Dejé a mis hijos solos, el pequeño al cuidado del grande, entre ellos dos se cuidaban, y contraté a una señora que les hacía la comida.

Empaqué algo de ropa, mi pasaporte y un boleto de ida y regreso. Solo iba por dos meses, ya que la idea era ahorrar allá esos dos meses y regresar para invertir en algo más y sostenernos mientras podía ir incrementando mis ganancias, y así poder salir de las deudas y todos los problemas económicos que estaba atravesando. Al verme sola y sin apoyo de nadie, tomé la decisión de marchar al otro lado del continente en busca de una solución.

Estando trabajando allá, rentando casas y apartamentos y ganándome las comisiones, que no era mucho tampoco, pero sí mucho más de lo que ganaría en México en un mes, allá lo duplicaba con la renta de un piso o apartamento como le dicen allá.

Un día, en una cafetería, conocí una chica en la plaza de Catalunya en Barcelona. Me tomaba un café y apreciaba las calles y la gente con diferentes estilos y caras de todo el mundo, mientras yo soñaba con una vida bonita, tranquila, en paz y viajando con mi familia a todos los lugares del mundo sin tener que preocuparnos por el dinero. Extrañaba mucho a mis hijos y me los imaginaba dormir a esa hora por la diferencia de horario. Sostenía mi relación sentimental a distancia y en el fondo de mi corazón sentía la nostalgia de tenerlos a todos divididos, y que ya mi pareja de ese entonces no se asomaba por la casa ni para saber cómo estaban mis hijos. Solo pensaba en resolver su vida y en su comodidad y en de alguna manera desde la distancia controlar mi tiempo y mi libertad. Era una relación tóxica donde solo estaba presente para exigir posición y, como decimos en mi país, marcar territorio. Pero en cuanto a apoyo, ninguno.

No recibía ningún tipo de apoyo de nadie, así que preferí pasar ese sacrificio con mis hijos lejos y yo en otro país en busca de soluciones, que tener que volver a pasar por las humillaciones de un hombre millonario a cambio de tener una vida cómoda. Pero, al final, todo lo que te parece cómodo te lleva a tener una vida súper incómoda a largo plazo.

«Hola, guapa», me dijo con un acento colombiano. «Hola», le contesté.

«Qué ojos más bonitos tienes», me dijo sonriendo y haciéndome una seña con su mirada si se podía sentar. «Adelante», le dije corriéndole la silla para que se Sentara. «No eres de aquí, ¿no?», me preguntó. ¡No!», le contesté. «Soy colombiana, pero vivo en México». «¡Vaya! ¿Y qué haces por aquí?», me preguntó de nuevo. «Honestamente trabajando», le contesté.

Le comenté toda mi situación que ya tú conoces y en ese momento me interrumpió diciendo: «Uno por los hijos hace lo que sea». «Así es», le contesté. Entonces ella me contó que llevaba dos años viviendo en España, que también era colombiana y que también era madre soltera y que por las mismas razones o circunstancias había ido a parar a Europa, pero según ella, allá había encontrado lo que buscaba y era darle una mejor vida a sus hijos. Me contó que en dos años ya había comprado una casa con piscina a sus hijos en Colombia y un terreno a su madre donde le estaba construyendo ya su casita.

También me contó que había abierto varios salones de belleza en diferentes lugares en Colombia y que le estaba yendo súper bien y estaba ayudando a toda su familia.

Me dejaba sorprendida cada vez que avanzaba contándomelo. También enseñó su cuerpo en forma presumiendo unos senos operados y una cintura muy chica con un abdomen perfecto, un cabello largo negro liso y lentes de color verdes. Pero en su mirada, un cierto cansancio y poca luz o poco brillo en sus ojos. Tenía 35 años, pero ya aparentaba más con la piel seca y una sonrisa algo fingida, porque no era una sonrisa que viniera del alma.

Me preguntó cuál era mi trabajo, porque, por lo que me estaba contando, ni en lo que yo trabajaba hubiera podido lograr tanto en dos años.

Le comenté que rentaba pisos y de forma ilegal, porque no podía hacer gran cosa allí ya que no tenía documentos para trabajar, así que era algo que podía hacer sin problema para poder enviar dinero a mi casa.

Ella con una risa sarcástica me dijo: «¡Ay, no, hermana, usted qué hace jodiéndose por tan poco!» Yo emocionada la miré, porque sabía que me iba a contar el secreto de su éxito, pero me ganaba más la curiosidad. Así que le permití que me contara.

Me dijo: «¿Quieres ganarte tres veces en un día de lo que te ganas en un apartamento que rentes si es que logras rentarlo en una semana?

Yo, súper emocionada, le dije: «¡¡¡Claroo!!! ¡¡Claro que me encantaría!!

Ella me dijo, «Mira, Sol, vamos a hablar claro y directo. ¡Yo soy prostituta!»

En el fondo yo sabía que algo extraño hacía para ganar tanto y tan rápido, y por el solo aspecto que llevaba de mujer súper operada y llena de cirugías, yo intuí que por ahí iba la cosa.

«Sol, nosotras somos madres solteras», me dijo. «Nos pasamos la vida acostándonos con hombres dizque por amor y dándolo todo por ellos, apoyándolos y dejando de vivir nosotras para vivir por ellos, y encima nos embarazan y se van sin ningún tipo de consideración ni amor por sus hijos. Sol, yo me cansé de ver pasar el tiempo y no tener ningún resultado en mi vida, y cada día, cada mes y cada año, sin avanzar ni lograr nada por estar viviendo dizque por amor», volvió a repetir.

Le podía ver cierto dolor y frustración cuando se refería a los hombres, como si lo que quisiera era solo vengarse y usarlos.

Me dijo: «Duré años permitiendo que los hombres me usaran y luego me dejaran. Siempre me quedaba sola y sin nada y con la rabia del tiempo que perdía junto a ellos. Hasta que llegó alguien que me abrió los ojos e hizo conmigo lo que ahora estoy haciendo contigo, Sol, me dijo en un tono fuerte como queriéndome hacer entender que los hombres no valían la pena y que lo único que se podía hacer con ellos era usarlos y utilizarlos, ya que no nos valoraban ni nos cuidaban, y que para estar acostándose con alguien que solo nos maltrataba y nos dejaba vacías, pues era mejor acostarnos con alguien por tan solo quince minutos y que nos dejara dinero; aparte, una no los volvía a ver, así que no nos sentiríamos usadas, sino bien pagadas y podríamos de paso ir dando solución rápido a nuestros problemas económicos e ir construyendo una vida de «comodidad económica».

Mientras yo la escuchaba, era como escuchar mi historia con los padres de mis hijos y con los hombres que había amado limpiamente y me habían pagado mal, incluyendo mi pareja actual, porque estaba pasando una situación algo similar ya que solo iba y se beneficiaba de mí y de las comodidades que yo le ofrecía cuando estaba bien, pero en cuanto teníamos un problema se iba y me dejaba sola afrontándolo.

Me dijo: «Sol, tú eres muy bonita y con mucha pinta latina, y sé que si trabajas como yo, uff te vas a llenar de dinero en menos de dos años, porque eres muy linda, con clase y muy sociable. Aparte tienes un cuerpazo que es lo que aquí no hay, así que serías muy solicitada y saldrías rápido de todos tus problemas. No tendrás que aguantar a nadie que te humille por pasar necesidades, y aparte aquí nadie te conoce y nadie se va a enterar donde vives lo que haces aquí porque estás muy lejos».

Yo ya me tenía que ir, así que le dije que me dejara su teléfono para volvernos a reunir y que me siguiera hablando de su vida, ya que me sorprendía mucho haberme cruzado con alguien así en mi camino y cuál era la enseñanza que me estaba dejando. En mi cabeza resonaban sus palabras una y otra vez cuando me decía que al final ella no tenía nada que perder y mucho que ganar. Ya no tenía una virginidad que cuidar, y que más daba tener sexo con un hombre más o con un hombre menos si al final lo único que iba a pasar era ganar más dinero rápido en cantidad y sin tanto «esfuerzo»; esas eran sus continuas palabras en la conversación que tuvimos.

¿Recuerdas que te dije que el camino fácil siempre termina siendo el más doloroso y el más cruel? Pues así mismo, amado lector, y pronto sabrás por qué.

Estuve acostada toda la noche dándole vueltas a mi cabeza y pensando en todo lo Bueno que eso sería y todo lo malo que podría ser también.

Al siguiente día, el deseo de volverla a ver para que me hablara más de esa vida y cómo se vivía dentro de ese mundo, me hizo volver a llamarla y pedirle que nos tomáramos otro café para que me siguiera contando más.

Dos días después nos volvimos a reunir, pero ya yo llevaba mi libreta y mi pluma, dispuesta a escribir todo lo que iba a escuchar.

Esta vez ella llegó acompañada por otra mujer casi de su misma edad, pero con una actitud diferente a la de su amiga.

Pude suponer que se dedicaban a lo mismo, así que al final terminé escuchando la historia de la mujer que la acompañaba y ya vi el otro lado de la realidad de la que hablaba su amiga.

Me comentó que llegó a España buscando trabajo como niñera o mesera de algún restaurante. Pero que al final en lo único que se pudo emplear fue limpiando pisos. Tenía 26 años cuando fue en busca de una vida mejor, pero su destino tomó otro rumbo el día que conoció a su amiga que ahora la acompañaba, y quien fue la que le hizo la misma propuesta o comentario que me había hecho a mí esa tarde en esa cafetería donde me la encontré por primera vez.

Le pedí si no le molestaba que me contara su historia y accedió con gusto a hacerlo mientras yo tomaba nota de todo y cada detalle.

Empezó contándome que era madre soltera y que estaba atrapada en una relación sentimental tormentosa donde no encontraba ninguna clase de apoyo de su pareja, pero tenía codependencia afectiva y le estaba costando trabajo dejarlo. Así que fue cuando decidió viajar a Europa en busca de un mejor futuro económico y poco a poco ir desprendiéndose de esa tormentosa relación

Me dijo que un año después de haber llegado a Europa, se había conocido por casualidad con la chica, la cual se había convertido en su mejor amiga y compañera de apartamento.

«Nos vimos un día por casualidad», me dijo. Ella asistió a una fiesta de latinos donde casualmente yo también estaba.

Estuvimos hablando mucho tiempo, me pregunto que en qué trabajaba y luego de saber que mi trabajo era limpiando pisos y cuánto dinero ganaba, pasó a proponerme lo que ya tú sabes», me dijo en medio de una sonrisa.

«Pasé toda una semana pensando si lo haría o no», me dijo. «Pero me imaginaba una vida mejor en corto tiempo.

¿Y si mi novio me descubría? Pero cómo lo haría, si yo estaba muy lejos y él no tenía manera de viajar ni ver donde yo estaba, y la diferencia de horario me ayudaba mucho. Empecé a imaginarme llegar con mucho dinero y estar tranquila en casa sin preocupaciones.

Recordaba todas sus palabras y todo lo que me había contado que había logrado en tan poco tiempo, pero algo que me puso a pensar fue que me dijo que en ese trabajo era mejor no tener pareja o ninguna relación sentimental para poderme enfocar en ganar dinero, y no andar asustada de que mi novio me descubriera o con cargos de culpa, porque así no funcionaba nada y todo terminaría mal, porque estaría regresándome por él o nerviosa todo el tiempo y que si se llegara a enterar sería algo muy doloroso para mí. Así que debía renunciar a mi pareja, pero era algo que no contemplaba porque estaba muy enamorada. ¿De qué? No sé de qué estaba enamorada, pero lo estaba y no quería terminar, porque Él era mi soporte emocional y sufría de codependencia afectiva, y si algo andaba mal con él, todo andaría mal en mí.

Así que empecé a planear esa vida en la prostitución de tal forma que le pudiera dar manejo a todo desde la distancia sin que nadie de mis seres queridos se lo pudieran imaginar y menos llegar a saberlo.

Renuncié a mi trabajo de limpiar casas y pensé que, si era como lo decía ella de ganar dinero en cantidad tan rápido, pues alcanzaba en esas dos semanas a llevarme un buen ahorro y nadie sospecharía nada por ser corto tiempo.

La verdad, nunca consideré el quedarme trabajando en eso toda la vida ni tomarlo como profesión», dijo con una Mirada muy seria. »Yo solo quería recoger un dinerito rápido esos poquitos días que me quedaban y regresar tranquila a casa y con mi secreto bien guardado para toda la vida.

Mi sueño era casarme y tener un hogar bonito y unidos todos, pero yo sabía que con la pareja que tenía iba a ser muy difícil, porque era un hombre que solo pensaba por él. Pero una guarda la esperanza de que eso cambiara y como sabía que nunca me iba a apoyar económicamente, yo tenía que buscar soluciones, y mi plan era llegar e invertir ese dinero que sería una Buena cantidad, fabricando ropa para chicas colombianas para vender y dejar un dinero extra para sostenernos mientras daba frutos la inversión

Parecía un plan perfecto.

La llamé dos días después para preguntarle cómo podía empezar y a dónde tendría que ir. Ella muy amable me puso una cita en el mismo lugar para acordar todo.

Nos reunimos esa tarde y me explicó todo. Yo debería tomar un vuelo a una isla, allí llegaría a una casa donde me darían una habitación y no tendría que pagar nada por dormir ahí, solo poner mi comida y ya, y obvio mis servicios como trabajadora sexual.

Estaba horrorizada de lo que había llegado a hacer, pero ya la decisión estaba tomada.

Llegué a la dirección que me habían dado, era un apartamento en una tercera planta o piso tres, algo muy discreto, que hasta parecía que vivía una familia ahí. Al timbrar me abrió una mujer de unos treinta años aproximadamente. Estaba en ropa interior y tacones y con mucho maquillaje y me dijo: «Adelante, siga y se sienta que ya viene el jefe».

Entré a una pequeña sala donde había más de setenta teléfonos sobre un escritorio, un computador y un sofá. Olía mucho a cigarro mezclado con perfume de mujer». Hubo un momento que guardó silencio y le dije… «Mira, si ya no me quieres contar más no lo hagas». Ella suspiró, me miró y me dijo: «¡Sí! Sí quiero seguir contándote, ya que esto me ayuda a liberar todo eso». Le dije: «Ok, entonces continúa». Y continuó diciendo…

«Solo veía para todos lados preguntándome yo qué hacía ahí metida y cómo en un lugar como esos se hacía tanto dinero.

Entra un hombre de 1.90 de estatura y muy acuerpado y me Saluda y me dice: "Hola, tú debes de ser la chica que esperamos todo el día". Le dije: "Sí soy yo, mucho gusto".

Me dijo: "Por lo que veo vamos a hacer mucho dinero tú y yo porque tienes buen porte y te ves educada". Le pregunté: "Cuánto es mucho dinero?" Él me dijo: "Aquí con una chica como tú te puedes ganar de 400 a 500 euros diarios, y a veces sin hacer nada, porque solo vienen hombres a drogarse y a que una chica los acompañe".

Me sorprendí mucho cuando me habló de esa cantidad y me hice de una vez una película en mi cabeza de todo el dinero que recogería en dos semanas; casi lo que me hubiera ganado trabajando en un año en lo que estaba».

Yo continuaba escuchándola con mucha atención, y ella siguió…

«Así que me dijo que lo acompañara a conocer el apartamento. Me enseñó dos habitaciones que estaban en ese momento ocupadas por dos chicas y dos señores. Me dijo que debería trabajar con tres chicas fijas para, dos que cubrieran la casa y una para las salidas, y en eso me ve y me dice: "¿Hablas inglés?". Le contesté que sí. Me dijo: "¡Ok, perfecto! Tú vas a cubrir todas las salidas a clientes de lujo a cenar y a donde ellos te pidan que los acompañes, así podrás ganar el doble de lo que se gana aquí adentro, porque puedes estar horas y horas en una cena o una reunión o de acompañante y puedes cobrar por tiempo".

Eso me gustó, porque solo era ponerme Hermosa y salir con ejecutivos de alto nivel», me dijo con cierta ironía. «Continúa», le dije.

«Empezamos a trabajar como él dijo.

Yo me había convertido en dama de compañía de lujo y acompañante de ejecutivos de muy alto nivel.

Conocí todo tipo de hombres: el loco, el maniático, el decente, el indecente, el espiritual, el amable y el pedante.

Yo soy muy sociable para interactuar con las personas como puedes ver», me dijo riendo. «Y uso mucho mi psicología para cada tipo de personalidad. Entonces manejaba muy bien cada tipo de personalidad y siempre me despedía de ellos de una forma muy cordial. La mayoría de las veces era más para hablar o acompañarlos a reuniones o cenas y nadie sospechaba que yo era una dama de compañía por mi elegancia y mi porte, aparte muy educada y eso les gustaba a ellos.

En la casa se quedaban dos chicas muy vulgares, les gustaba drogarse con los clientes, se mantenían ebrias y hablaban fuerte y se reían de una forma ordinaria. Todo lo que hablaban era con groserías y en voz muy alta.

Era algo que me agobiaba y me ponía de mal humor. Ellas me llamaban la súper culta. Lo decían en broma, pero con cierta envidia porque yo no me relacionaba mucho con ellas y las horas que estaba ahí me las pasaba leyendo o viendo videos en YouTube de superación personal.

Fue lo más doloroso que hice conmigo misma, ya que me daba cuenta de que había perdido mis principios y mis valores a cambio del dinero fácil, estaba exponiendo mi vida. Le estaba mintiendo a mi pareja y ya no me sentía bien regresar y verlo a los ojos. porque llevaba el pecado encima.

No te puedo describir lo que sentía cuando un hombre desconocido me ponía un dedo encima. Era como si mi espíritu se saliera de mi cuerpo y me pusiera un traje invisible de hierro donde no me permitiera pensar ni sentir. Cerraba mis ojos con mi frente arrugada y algunas veces sin que lo vieran una lágrima rodaba por mi mejilla. Solo veía con disimulo el reloj para ver pasar el tiempo, pero parecía que se parara el tiempo, porque no lo veía avanzar mientras el desespero de esos quince minutos invadía mi ser, y el asco y la rabia me las tenía que camuflar con apretar los dientes y los ojos mientras el salvaje usaba mi cuerpo para sus necesidades sexuales. Mi corazón jamás estuvo ahí, y jamás sentí ningún tipo de deseo hacia esos personajes. Jamás mezclé ningún sentimiento que no fuera rabia y asco, nunca me agradó ningún hombre de esos y nunca disfruté ni un Segundo ese asqueroso trabajo. Ahí nunca estuve yo y nunca fui yo la que estaba en ese escenario. Es como si entrara otro personaje dentro de mí, porque después parecía haberlo olvidado todo.

Desconectaba mi alma, mi corazón y mi espíritu de mi cuerpo. Yo estaba profundamente enamorada de mi novio en ese entonces, pero la necesidad económica y el miedo a perderlo por la falta de dinero me llevaron a caer en lo peor.

Solo pensaba que de ahí saldría con una cantidad de dinero que ni en un una semana me ganaba trabajando dignamente, y que en tan solo minutos estaba haciendo una quincena de un profesional.

Pensaba mucho en mis hijos y en todas las necesidades que estábamos pasando. A fin de cuentas era yo la que me estaba sacrificando y nadie lo sabría; el fin justificaría los medios y tan solo eran quince minutos de dolor, ira, asco y coraje, y todo volvería a estar bien y no volvería a verle la cara más a ese hombre en mi vida.

Así completé las dos semanas y regresé a casa con una suma muy generosa de dinero que me iba a permitir vivir tranquila un par de meses, e invertir en algo y sostenerme como lo había planeado.

Mi novio no sospechaba nada hasta entonces, aunque esas dos últimas semanas la comunicación había pasado a ser más leve y no me dejaba ver más por cámara, ya que cuando se suponía que yo dormía y estaría sin maquillaje, mi cara estaba llena de pintura y muy peinada. Así que no pude llevar esas dos últimas semanas como lo había hecho los días que estuve trabajando dignamente.

Cuando regresé a mi país todo parecía haber salido más que perfecto

Pero olvidaba la enfermedad de mi pareja: Celotipia.

Celotipia: son los celos obsesivos, y es una enfermedad

progresiva que con el paso del tiempo se vuelve más fuerte.

Este tipo de personas están todo el día buscando algo para confirmar una infidelidad o está indagando, buscando y viven con cierta paranoia todo el tiempo.

Yo no consideraba eso una infidelidad para Él, porque para mí la infidelidad era algo que viniera del Corazón y eso había sido tan solo un trabajo donde ahí se había quedado, en un simple trabajo y tema olvidado.

Él violaba todo tipo de privacidad mía, le gustaba esculcarme mis bolsos, mis carteras, mis cajones y hasta mi teléfono mientras dormía. Ya no importaba si le ponía contraseña, porque él se las arreglaba para conseguirla.

Una noche después de varias copas en compañía de él, terminé muy dormida, pero ya como iba perdiendo mi conocimiento por las copas que había bebido, cada vez que le ponía la contraseña a mi teléfono para poner música, él se grababa la clave y así fue como pudo entrar a mis chats mientras yo dormía.

Ahí sostenía una conversación con una de las chicas con las que trabajé esos días donde yo le daba unos tips para trabajar con clase y el tipo de trato que les debería dar a los clientes de lujo.

No tenía escapatoria, todo estaba descubierto.

Al comienzo intenté negar todo, pero él tenía las pruebas en sus manos con un audio con mi propia voz, así que no tuve más remedio que aceptar y darme por vencida. Y es que personas como él con este tipo de enfermedad nunca descansan hasta encontrar lo que buscan, y aunque así no fuera se lo inventan.

Pero aquí pues él había salido vencedor y yo derrotada.

Aunque hablamos de perdón y de seguir para adelante, nunca más la relación volvió a ser igual y ya vivíamos en medio de la desconfianza total. Una vez eso se pierde, ya es muy difícil recuperarla, así que es mejor dejarlo ir y no forzar algo que ya no tiene arreglo, porque por más que tú quieras hacer las cosas bien, la otra persona siempre estará dañándote y trayéndote ese doloroso pasado a tu presente, a menos que sea un amor muy grande y fuerte o un verdadero amor que esté dispuesto a amar y a perdonar y seguir para adelante. Pero ese no fue mi caso, sino mi pesadilla sin fin.

Terminé siendo descubierta por el hombre que amaba, y lo que más temí se cumplió. No obstante, habiendo vivido ese doloroso capítulo tuve que enfrentar toda la venganza de él cuando empezó a informar a parte de sus familiares, amigos míos y de él e incluyendo alguno de esos temas con mis hijos, con tal de llevar a cabo su venganza, la cual logró.

Desesperada por la culpa y el fracaso de mi relación, me di cuenta de que estaba tocando fondo y que me sentía tan sucia y devastada que ya no quería vivir más así; tenía que cambiar mi mentalidad y mi vida, al final continuar viviendo con él iba a ser una tortura lenta y duradera y de por medio mis hijos.

Así que decidí regresar a Europa, pero ya para no regresar y desaparecer del lugar donde vivía con mi pareja en mi país, poder sanar lejos y olvidar lo que había sucedido, porque al final no había podido disfrutar ni darle buen uso a ese dinero que me había ganado de esa forma y se había esfumado rápido y nunca invertí en nada. Solo solucioné algo pasajero y ya.

Mi corazón estaba partido en mil pedazos por todo lo que había ocasionado por el deseo de conseguir dinero fácil y rápido, cayendo en esa terrible decisión, y es que esa decisión que ese día tomé en esa fiesta en lugar de haberle dado una solución a mi vida me la había destruido, pero yo no podía culpar a nadie sino hacerme responsable de esa decisión; y al final tenía que vivir las consecuencias.

Y es que ese es el verdadero infierno, cuando tienes que vivir las consecuencias de los errores y siempre tendrás que enfrentarlos.

Así fue cuando decidí irme para ya no regresar nunca más.

Ya no en el plan de empleada sino de jefa, busqué de nuevo recibir dinero por ese medio, pero empleando las chicas y yo administrándolas, así no tendría que poner mi cuerpo ni venderme por dinero.

De igual forma, estaba en ese mismo camino. Pero algo empezaba a cambiar en mí y empezaba la búsqueda de cambiar mi vida y limpiarme de ese sucio trabajo, porque aunque ya no pusiera mi cuerpo, de alguna manera me veía involucrada al recibir dinero de mujeres que lo hacían».

Y así terminó contándome lo infeliz y desdichada que era su vida, aun teniendo la facilidad de un dinero fácil y rápido, pero con una soledad profunda y un vacío en su ser.

Toda esta historia, querido lector, me hizo tomar conciencia y sentir una fuerza enorme para salir adelante y desarrollar mi potencial y no caer en el mismo error que cayó esa pobre chica por ignorancia y por carencia de amor y aceptación ante la sociedad.

EL PRIMER PASO DE MI TRANSFORMACIÓN

Empecé el camino a mi transformación.

Desesperada le pedía a Dios que cambiara mi vida y que limpiara mi alma de tanto y me enseñara a vivir una vida limpia, digna y transparente, pero sobre todo que me dijera para qué yo había venido a este mundo.

Realmente había llegado mi llamado y Dios estaba acercándose ya a mi vida.

Me encerré casi cuatro meses a estudiar toda la saga de *LA VOZ DE TU ALMA* de Lain García Calvo. Me leí más de ocho libros estando allá y hacía todos los ejercicios que decía en los libros para sanación del alma, para el perdón y la transformación total de mi vida. Ya no quería recibir más dinero de los hombres, ni de un amante millonario después de haber escuchado esa terrible historia.

Empecé a vivir mucha paz dentro de mí a medida que pasaba el tiempo y leí y leí más y más y más libros de crecimiento espiritual y transformación. Me empezaba a acercar mucho a Dios y a rodearme de gente maravillosa y estaba lejos de mi pasado y de todo lo que me había causado tanto dolor.

Pero aún no encontraba la respuesta de quién era yo, a qué vine al mundo y qué había vivido de esa forma y había atravesado todo ese infierno con los hombres en mi vida, y la pobreza y a la vez la abundancia, pero a un precio muy alto donde había perdido mis valores y había llegado a tocar fondo.

Así que todos los días en mis meditaciones le preguntaba a la voz de mi alma cuál era mi propósito, para qué había venido a esta vida y cuál era mi misión en la tierra.

REVELACIÓN DE MI PROPÓSITO DE VIDA.

Solía salir a caminar todas las tardes después de interminables horas de lectura y justo ese día no me sentí bien y decidí quedarme en casa y leer un rato más. Recordé que no había comido y me fui a la cocina a buscar algo para comer. Saqué del refrigerador un plato de comida del día anterior y lo metí al horno para calentarlo y comerlo.

Una descarga eléctrica cayó sobre mi cuerpo y un fuerte apretón en la cabeza hizo que pasara en cámara rápida mi vida desde que tenía uso de razón hasta ese instante.

Pensé por segundos que había un cortocircuito en la casa y que yo estaba descalza y estaba haciendo contacto con mi cuerpo, pero cuando vi mis pies pude ver que tenía zapatos. Pude ver en mi mente cómo pasó en milésimas de segundos la película de mi vida en cámara rápida y escuché la voz de mi madre diciendo que la pobreza que habíamos vivido era por culpa de mi padre, y que si ella se hubiera casado con un hombre rico nada de lo que vivimos hubiera ocurrido.

Luego escuché las voces de mis vecinas cuando era adolescente donde me decían que podíamos usar nuestra belleza para conseguir a un hombre millonario y salir de la pobreza; escuché la voz de mi padre diciéndome que cuidara al hombre millonario que tenía, porque él me podía dar una vida cómoda y sin tener que pasar necesidades; escuché las risas del amante millonario y me parecía verlo con esos ojos grandes y malvados riendo y viéndome humillada a sus pies suplicándole que no nos tirara a la calle a mis hijos y a mí y que yo haría lo que fuera y me pidiera con tal de que me diera todo lo que necesitaba para vivir lejos de la pobreza; luego escuché las voces de mis amigas actuales diciéndome: búscate un hombre con dinero, porque te estás haciendo vieja y después nadie te va a voltear ver, y debes casarte rápido con alguien que te ponga a vivir como rica; y por último escuché la voz de Dios.

YO SOY LA ABUNDANCIA.

Llegó el momento, Sol, era la voz de Dios y me estaba hablando. **YO soy la abundancia, y te he dado un corazón de dominio propio y tú has elegido, pero yo te he hecho libre para que puedas volar, pero te has alejado de mí y has elegido el camino doloroso, porque el camino amplio es el que te conduce a tu dolor. Pero el estrecho te lleva a tu bendición. Te dejaste creer por tus miedos y me cambiaste por el mundo, pero yo soy tu Padre que todo te lo da y te provee y yo te daré abundancia, pero serás obediente a mí y creerás en ti y en todo el poder que te he dado desde antes de nacer. No te he hecho menos que nadie y la capacidad de triunfar en todas las áreas de la vida yo se las doy a todos**

por igual, pero son libres de elegir sus caminos. Solo recuerda que yo te estaba esperando y soy paciente en cuanto escucho tu llamado, ahí estaré y te sostendré.

¡PADRE! ¿CUÁL ES MI MISIÓN?

Escribirás y llevarás este mensaje al mundo por medio de tus libros, para que mujeres que están viviendo lo que tú viviste sepan que yo soy la abundancia y que yo soy quien provee. Que todos vienen al mundo con un propósito y que si claman a mí y me buscan yo les responderé como ahora lo estoy haciendo contigo y les enseñaré el camino que los conduce a la abundancia viviendo dentro de su propósito. Ahora ve, Sol, y no peques más, no vendas más tu cuerpo a cambio de dinero, porque tu cuerpo es mi templo y ahora te haré abundante en todas las áreas de tu vida. Tú me debes obediencia y yo cuidaré de ti y pelearé tus batallas, jamás vivirás más en escasez porque ahora vives dentro de tu propósito y has sido obediente a mi llamado y ya no te dejo ir de mí.

Abrí mis ojos y estaba lavada mi cara en sudor y mis manos heladas. Todo había pasado en miles de segundos. Pero parecían horas.

Dios me respondió a mi llamado y ahora yo soy obediente a Él.

Esta es mi historia, amado lector, de cómo salí de lo más profundo de los infiernos donde vivía, a pasar a una vida espiritual y abundante, porque cuando escuché mi llamado, hice caso al instante y como puedes ver, tienes la prueba en tus manos y sostienes el libro el cual me dijo Dios que escribiera para ti.

Y mi pasado tenía que morir, así es por qué el tren se llevó mi antiguo pasaporte con el que había viajado a muchos países viviendo una vida de apariencia que no me correspondía y que Dios empezaba a limpiarme. Era necesario desaparecer todo lo que tuviera que ver con ese sucio pasado donde había sido víctima de un error y de encarcelarme en mis propios miedos. Pero Dios me había escuchado.

Así que cuando escuches tú el llamado, por fa, no dudes en obedecer y te prometo que tu vida cambiará.

Gracias por leer mi libro y continuar con algo más que tengo para ti.

Ahora quiero darte unos consejos muy valiosos que te van a llevar a otro nivel espiritual. Yo lo hice y es por lo que me tiene aquí contigo leyendo estas páginas.

¿Me acompañas?

Gracias por decir que sí y continuar conmigo.

MATERIALIZA TUS SUEÑOS

Tú ya sabes que eres el resultado de lo que piensas, y cuando piensas positivo te genera unas emociones y sentimientos positivos.

Debes elegir con quién andar, porque lo peor que te puede pasar es rodearte de personas negativas. Uno en la vida debe aprender a escoger el entorno.

Triunfar en la vida no es lo más importante, es lo único importante.

Tienes que aprender a pensar positivo y vas a ver cómo te cambia la vida. Descubre el talento que tienes y cree en ti mismo. Cuando empiezas a creer, empiezas a crear.

Si logras programar tu mente para el éxito, la mente necesariamente te llevará a triunfar.

Más del 85% de la gente se muere sin explotar sus talentos y más del 85% se mueren sin saber para qué vivieron.

Todos los días producimos 60.000 pensamientos diarios, o 60.000 veces el mismo pensamiento.

Entonces para convertir tus sueños en realidad te grabes tres palabras:

1- **Inspirar,** inspiración significa estar en el espíritu estar conectado con Dios, porque mientras no haya una conexión con la conciencia de Dios, tus sueños no se te cumplirán.

Por eso es importante que seas feliz, que rías porque cuando ríes conectas con Dios. Debes estar alegre, porque la palabra alegría es una persona en gracia y una persona en gracia de Dios es una persona alegre.

2- **Proyectarte**, escribe una lista de sueños para que tengas idea de lo que deseas y hacia dónde vas. Y escribe el plan de acción para llevarlos a cabo.

3- **Emprender,** tener la capacidad de convertir esos sueños en realidad, no se resigne. Las personas pobres son las que se resignaron. El pobre que sale a producir la vida les cambia.

Haz un plan de acción, ¿cómo lo debes hacer? Muy simple.

- Cómo lo voy a hacer

- Cuándo lo voy a hacer

Qué, cómo, cuándo por qué, para qué, cuáles son los obstáculos, cómo lo vas a evaluar.

Porque recuerda que lo que arruina a la gente es una vida sin proyectos y una vida sin proyectos es una vida sin esperanza.

Una persona puede durar cuatro semanas sin alimentarse, puede durar cuatro días sin agua, cuatro minutos sin aire, pero no alcanza a durar cinco minutos sin esperanza.

Cuando tú ves un gran empresario, es porque alguna vez tuvo un sueño y lo cristalizó, por eso es importante que escribas tus sueños.

¿Cómo cristalizas tus sueños? Cuando lo visualices, pon una imagen de lo que deseas donde la puedas ver todos los días y la mente empezará a atraer esos sueños.

Haz declaraciones continuamente positivas, hay declaraciones y afirmaciones, pero la diferencia es que cuando haces una declaración, la mente la va grabando, pero la afirmación no siempre la graba la mente. Una declaración es cuando te paras en frente del espejo y repites la frase y la vocalices de una forma exagerada, la mente la va grabando. Todo lo que quieras conseguir en la vida lo puedes conseguir si logras grabarlo con la mente, pero tienes que creer que la mente es la que te atrae las oportunidades.

Tu mente es la que se encarga de mejorar tu vida, cada vez que haces una declaración frente al espejo, la mente la va grabando. Así que mucho cuidado con lo que vas a afirmar, porque la mente no tiene sentido del humor, la mente es una computadora, y por eso es muy importante que no cuentes los sueños, porque si se lo cuentas a alguien que tiene energía negativa, te aterriza tu sueño y no se te cumple.

Así que no cuentes nada porque si te siembran la duda, te siembran el temor y pierdes la fe. LA FE es lo que te lleva a materializar tus sueños.

Debes tener un deseo ferviente y eso genera un movimiento intenso para que la voluntad salga en consecución del sueño. El deseo es la conexión del sueño y la realidad. Por eso es importante que crees un mapa de la prosperidad para que tu mente atraiga tus sueños, porque ella es la encargada de esa función. Así que empieza a visualizar tu éxito por medio de imágenes plasmadas en la cartelera de tus sueños.

Otra de las cosas que debes tener en cuenta es que tus sueños sean altos, pero que sean alcanzables.

Debes de ser una persona consciente, ¿qué significa esto? Que tienes la cabeza llena de sueños, pero los pies bien aterrizados en la tierra, que eres una persona autónoma. Saber tomar decisiones y saber correr el riesgo de la decisión que está tomando es ser una persona auténtica, no tiene que complacer a nadie, lo que hace es para complacerse a sí mismo y complacer a Dios, y por último la persona triunfadora sabe muy bien que ella misma elige su propio futuro.

Tú construyes tu propia vida, tú creas tu realidad.

Lee biografías de personas que triunfaron en lo mismo que tú quieres triunfar.

Mira cómo empezaron y cómo lo lograron, y cuando tú empiezas a vivir ese proceso lo logras, claro que sí.

Convéncete de que tú eres el hijo de Dios consentido, cuando te convenzas de que Dios te ama, te tiene como hijo, te dio una misión y que Dios va a cumplir todos tus sueños, entonces tus sueños se te cumplen.

Cree en Dios, cree en ti y tu vida cambiará. Ten fe.

Tienes que salir de tu zona cómoda porque todos los resultados que tiene hasta el momento es lo que has obtenido desde tu zona de confort. Te recostaste y no apostaste por tus sueños, así que más vale ese tiempo

perdido que tu vida echada a la borda. Empieza hoy.

Tu talento es lo que haces con pasión, con amor y para servir o ayudar a otras personas. Ese es tu talento. Y tú debes tener un sueño en área espiritual, en el área familiar, en el área social, en el área de la salud, en el área del amor y en el área económica.

El hombre más pobre es el hombre que no tiene sueños. Los países pobres no tuvieron sueños, ellos nunca soñaron con tener lo mejor y estar bien. Tú tienes que soñar con ser un ganador, que vas a tener y lograr todo lo que deseas.

Si Dios no te hubiera dado la capacidad de hacer tus sueños realidad, entonces no te hubiera dado la capacidad de soñar.

«TODO LO QUE PIDIERES A MI PADRE EN MI NOMBRE, LO TENDRÉIS».

JESÚS

«CONÓCETE A TI MISMO».

SÓCRATES

EL COMPROMISO ES CONTIGO

*P*ara empezar, quiero que seamos conscientes de que los años que tenemos ya no los tenemos, esos ya se fueron y de aquí en adelante vamos a aprender a vivir el aquí, el hoy, el ahora.

Recuerda que la historia ha cambiado gracias a líderes que entregaron su vida defendiendo sus ideales. Esos fueron los idealistas, los idealistas son los que creemos que lo imposible es posible.

Hay gran diferencia entre tomar la vida como una obligación que es lo que tú tienes que hacer o una responsabilidad que es lo que tú debes de hacer.

Ha habido personas que han llegado a entregar su vida por una causa, y a eso se le llama compromiso, el compromiso es cuando tú le pones amor a la responsabilidad y mezclas esa dos.

Responsabilidad es llevar tu dinero a tu casa, pero compromiso es compartir con tu familia ese dinero con amor.

Debes pensar en el bienestar de los demás, en el jefe que te está pagando un salario, en el maestro que te está enseñando en un instituto, en el bienestar de tus padres, en el bienestar de tus hijos.

Muchas personas dejaron de triunfar porque dejaron de valorar lo que tenían y dejaron pasar su vida en depresión.

Hubo un filósofo llamado Soren Kierkegaard; fue un prolífico filósofo y fue llamado el padre del existencialismo.

Él decía que los seres humanos teníamos tres etapas.

«La primera etapa es la parte de la **estética**, o sea que nos preocupamos solamente por lo de afuera, cuantos viven es pendientes del espejo y cómo lucimos frente a él y nos preocupamos por lo exterior.

Él decía que a medida que el Espíritu va creciendo y va llenando la existencia, entonces las personas suben un escalón y pasan al escalón de la ética, y es no hagas a los demás lo que no quieras que te hagan a ti. Ese es el valor fundamental de la ética. Después cuando el espíritu sigue creciendo y es mucho más grande, entonces ya pasan al **desarrollo personal** que es la autorrealización de la persona. Es cuando dedican su vida a servir y ayudar a los demás.»

La pregunta es: ¿tú en qué Escalón estás?

Cada una de las personas debemos hacer una elección y para esa elección en la vida, se requiere el compromiso que es la mezcla de la responsabilidad más el amor.

El compromiso tiene un antivalor. Recuerda, Aristóteles decía:

«Que en medio de los vicios está la virtud, en medio de la virtud está el egoísmo». El egoísmo significa ego- ismo ego-yo.

El compromiso está por encima de lo personal, y el compromiso significa ejercer la libertad y ejercer la libertad significa ser una persona justa.

Aprende a trabajar en equipo, el sentido de pertenencia, el servicio al cliente. Son temas que todas las empresas necesitan porque tú como trabajador siempre necesitas que venga alguien y te recuerde que con una simple sonrisa, tú le agradas la vida a otra persona y eso te permite salir avante en el desarrollo de la empresa.

El compromiso significa eso, la libertad, pero con justicia, ¿te acuerdas el símbolo de la justicia? Es una mujer con los ojos vendados y una balanza en la mano. ¿Qué significa esto? Los ojos vendados significan que la justicia es hacia adentro, hacia el interior. Y mientras tú no seas feliz no puedes ser justo.

El compromiso es la libertad, pero con responsabilidad, la humildad, y la humildad es el servicio a la humanidad, es estar pendiente de los demás, es dedicar la vida a servir, a ayudar a la gente desde tu espacio, de donde lo que tú sabes hacer, pero ayudarle a los demás.

Cuántas personas comprometidas dieron su vida por el servicio a los demás. Podemos hablar de grandes líderes, pero el más importante fue Jesús. Jesús transformó la historia de la humanidad.

¿Cómo puede tener éxito una persona cuando hay tanta gente que está mal a su alrededor?

Esa es mi pregunta para ti.

Eso es lo que me ha llevado a escribir este libro, para ayudarte a avanzar en tu desarrollo personal y motivarte a seguir en la vida siendo un gran líder y siempre ayudando a los demás.

Compromiso no es poner tu nombre en la historia del país, compromiso es ponerlo en el corazón de las personas, es tener la capacidad del que te conozca a ti se grabe tu nombre en el corazón.

Un alumno le dijo a su maestro: «Maestro, ¿cómo hago para que yo pueda llegar al cielo?» Y el maestro le dijo: «¡Fácil! Cuando tú grabas tu nombre en el Corazón de las personas, cuando las personas van llegando al cielo lo primero que le ven a las personas es el corazón y cuando vean grabado tu nombre en cada Corazón de esas personas, ahí es donde te va a estar esperando, porque van a decir, este que fue lo que hizo allá, que todos grabaron el nombre de él».

Es decir, la idea es que tú grabes tu nombre en el Corazón de cada una de esas personas que tú tienes la posibilidad de conocerlos.

Lo que decía la Madre Teresa de Calcuta, «lo ideal es que cada persona que me conozca se vuelva una mejor persona».

Mi pregunta es: cuando alguien te conoce a ti, ¿se vuelve una mejor persona?

A eso es lo que se le llama el compromiso.

Recuerda que el antivalor del compromiso es el egoísmo.

Una persona le preguntó a otra: ¿tú qué piensas, que el problema de la humanidad es la ignorancia de la gente o la indiferencia?

Y el otro le contestó, pues ni lo sé ni me importa. Jaja (chiste).

Un maestro comprometido es el que trabaja en el futuro y el desarrollo de su país.

Los esposos comprometidos trabajan un ideal, y es mantener los valores y principios en su hogar hasta el final.

Un empresario comprometido es el que vive en función del progreso de sus empleados, porque mi pregunta es: ¿qué sentido es tener tu empresa si no es para el progreso de la gente que forma el equipo de tu trabajo?

El objetivo fundamental tuyo como líder, no como jefe, sino como líder, es que ellos cada vez estén mejor.

Es decir que la responsabilidad vaya más allá de la obligación.

Y que el compromiso vaya mucho más allá de la responsabilidad.

El compromiso es hacer algo más allá de lo normal, es hacer algo más allá de lo que tú debes hacer.

Es ponerte la camiseta de tu empresa, es luchar por el bienestar de tu empresa, es hacer algo más allá de lo que tú puedes hacer por el bienestar de todos los que conforman tu empresa.

El compromiso es trascender, es dejar esa huella, es abrir ese camino, es marcar ese sendero, es crear las condiciones para que tu empresa sea la mejor del sector.

Mientras tú empieces a actuar para servir y ayudar a los demás, tu vida empieza a cambiar.

Si una de cada diez personas de tu país tuvieran actos humanitarios, si uno de cada diez de tu país luchara por sostener y tener a una familia y sostener un compromiso con el hogar, si uno de cada diez de tu nación nos preocupáramos por ayudar a los demás, si uno de cada cien maestros estuvieran luchando por comprometerse con el futuro de tu país, si uno de cada cien empresarios estuviera luchando por comprometerse con su gente, si uno de cada 10 ciudadanos se comprometieran con los valores, con la honestidad, con la sinceridad, con la justicia, estoy segura de que el mundo sería distinto.

Así que comprométete contigo mismo a partir de hoy a salir del montón, a dejar una huella, a marcar ese sendero, a descubrir tu talento para servir y para ayudar a los demás, porque el compromiso es eso, el compromiso, amado lector, es ayudar a la gente, es tener una causa y luchar por esa causa para sacarlo adelante.

En la vida no puedes pasar por desapercibido, conviértete en alguien inolvidable.

Graba tu nombre en el Corazón de las personas transformando la vida de ellos y convirtiéndote en inolvidable.

Gracias, amado lector, por continuar conmigo.

EL AMOR DE TU VIDA ERES TÚ

*V*oy a empezar con esta frase que es, **si quieres que te amen ámate.**

Cuando tú te amas, todo el mundo empieza a amarte.

Lo primero que tenemos que hacer es conocernos a nosotros mismos y estar en paz con Dios, y conocer a Dios significa que debes convencerte de que no importa cuánto hayas tenido que vivir o hayas tenido que pasar, pero debes conocerte a ti mismo, a valorarte. Cuando te empiezas a valorar, todas las bendiciones que te corresponden por derecho divino empiezan a llegar a tu vida.

Empieza a partir de hoy a permitir que Dios entre en tu corazón, Dios nos puso las fortalezas en nuestras vidas y lo que hemos que hacer es aprender a descubrir esas fortalezas para poder triunfar en la vida, porque para triunfar en la vida no es necesario saberlo todo. Con una sola cosa que sepas hacer bien hecha con eso tú triunfas.

Todos en el mundo nacimos con un don y nuestro deber es descubrirlo.

Dios se encarga de revelarnos nuestras debilidades, y las trasforma y te convierte en una mejor persona.

Porque Él limpia la basura que hay dentro de ti, y limpia tu mente, y si tú eres de los que tiene baja la autoestima debes saber que tú eres alguien que sirve mucho aquí en la vida.

Hay muchos que piensan que no son Buenos para nada, que no sirven para nada, que todo les sale mal, que se esfuerzan y nada les resulta.

Pero no es así, tú eres hijo de Dios y también a ti te envió con fortalezas, y esas fortalezas te las dio para ayudarte a cumplir con la misión que Dios te dio en la vida.

No es casualidad que tú estés leyendo este libro, porque Dios te ama y está poniendo las esperanzas en ti para que le ayudes a salvar este mundo y Él se encarga de elevar tu autoestima a partir de ahora.

Tienes que empezar hoy a darte la posibilidad de conocerte a ti mismo, mientras no te conozcas a ti mismo, tú no vas a poder saber cuáles fueron tus fortalezas.

Nunca permitas que personas con malas intenciones te digan que tú no eres Bueno para nada.

Tú si eres bueno para muchas cosas por la sencilla razón de que eres hijo de Dios, y cuando Dios te trajo al mundo es porque pensó en ti y te dio precisamente a ti una misión, y esa misión tú la tienes que cumplir hasta que tú tengas que dejar este mundo.

Por eso debes encontrar tus fortalezas y aprender a buscarlas.

Por eso es fundamental escribir la lista de tus sueños, porque a partir de ahí tu mente ya sabe hacia dónde vas. Haz una lista de diez sueños que tienes. Luego ponlos en orden de prioridad y luego pregúntate cómo vas a lograr cumplir esos sueños y cómo los vas a volver realidad.

Cuando empiezas a tener claro cómo lo vas a lograr, la mente empieza a tener claro y a iluminarte y darte las ideas para lograrlo, pero es importante y fundamental que los escribas; visualízalos, recórtalos y pégalos representados en imágenes.

Recuerda que Dios va a estar siempre ayudándote a crecer y avanzar para que logres tus sueños, te lleva de la mano para que crezcas de una forma espiritual y la espiritualidad es la capacidad que tú tienes de servir y de ayudar a los demás. A eso se le llama espiritualidad.

Haz un pacto con Dios, asóciate con Él, y aporta tu parte al mundo.

Aristóteles era discípulo de Platón y Platón daba clases a sus alumnos, pero no tenía dónde sentarlos, así que habló con uno de sus alumnos de nombre Academo y le pidió que le prestara el jardín de su casa para reunirse todos ahí y él poder dar sus clases. Y Academo le dijo que sí. De ahí viene la palabra **academia.** Después vino Aristóteles que era alumno de Platón y montó el liceo siguiendo la doctrina de Platón cuando murió.

Y Aristóteles le hizo en ese entonces un libro a su hijo, y le dijo a su hijo: «todos los seres humanos tenemos un propósito» pero hay dos clases de propósitos:

Los propósitos intermedios

Y el propósito final.

La mayoría de las personas utilizan los propósitos intermedios para llegar al propósito final.

Estudian, tienen una Carrera, buscan una especialización, tratan de ganar mucho, tratan de ganar más dinero; por ejemplo los deportistas entrenan y entrenan para llegar al propósito final.

Entonces las personas estudian para llegar al propósito final, trabajan para llegar al propósito final, si es actor tiene que ensayar mucho para llegar a su propósito final.

El objetivo fundamental es entrenarte y entrenarte para llegar a tu propósito final.

El propósito final es la felicidad, es decir, la mayoría de las personas, tienen el propósito intermedio para alcanzar el propósito final. Y trabajan todo el tiempo para alcanzar la felicidad y no se dan cuenta de que la felicidad es la que te permite vivir bien y en plena y absoluta realización.

Lo más importante en la vida es ser feliz.

Hay que aprender a vivir y entender que para vivir hay que ser feliz.

No busques la felicidad donde no está, tu felicidad no puede depender de nadie, de nada, solo de ti.

Si tú quieres ser una persona feliz no te des el lujo de extrañar a nadie.

Ahora te explico qué es ser el amor de tu vida.

Tú eres el protagonista de tu propia de vida, tal vez no te habías dado cuenta, ni siquiera lo habías pensado.

Eres aquel del que depende la estancia de todas las cosas, autosuficiente, eres el responsable de todo lo que sucede contigo, eres el responsable para siempre de tu propia vida.

Autodepender significa dejar de colgarte de otros, obvio que necesitarás la ayuda de otros en algún momento.

Pero mientras tú tengas la llave, nunca estarás encerrado.

Autodepender significa hacerte cargo de ti mismo.

Hay tres preguntas existenciales básicas:

1-Quién soy.

2-A dónde voy.

3-Con quién.

Pero contesta en ese orden, ten cuidado y define quién eres y quién te acompaña.

No puedes definir tu camino viendo el de otro y no puedes definir tu destino por el camino que has estado recorriendo. Vas a tener que darte cuenta y eres tú el que tiene que definir quién eres tú.

Eres tú el que decidirá primero cuál es tu camino, y luego decides quién te acompaña, y es hora de preguntarte qué harás para no perder el rumbo.

Es hora de preguntarte hacia dónde te diriges y es hora de que decidas qué harás para que otros encuentren el propio camino.

Nos solemos hacer la pregunta, **quién soy,** y vivimos preguntándoles a otros quiénes somos, si estamos bien vestidos, si nos sienta bien cierto color, si nos queda bien el peinado, si estuvo bien aquello que dijimos, si estuvo apropiado aquello que callamos.

Y es que estamos demasiado acostumbrados a cederles nuestros ojos a los demás para que los demás nos miren y nos digan cuál es nuestro propio criterio.

Como si fuéramos niños, como si todavía lo fuéramos. Pero de alguna manera sí lo somos.

Cuando cumplimos nueve años, no dejamos de cumplir ocho, siete y seis; cuando cumplimos quince, seguimos cumpliendo catorce, trece y doce, y cuando cumplimos cuarenta, seguimos teniendo quince.

Y es que cómo no conservar actitudes de aquellos que fuimos si en verdad esos niños siguen viviendo dentro de nosotros.

Sigues siendo el adolescentes que fuiste, el niño que fuiste, pero este niño puede hacerte dependiente y adueñarse de tu personalidad, porque estás asustado, porque te perdiste de tu vida y cuando esto sucede la única solución es que un verdadero adulto se haga cargo de ti.

Por eso ese niño que hay dentro de ti no puede hacerse cargo de ti, por eso es hora de descubrir que hay en ti un adulto cuando eres adulto y tú eres el que debes hacerte cargo del niño que hay en ti y eso es autodependecia.

Debes aprender a autodepender y no mentirte nunca más, es enfrentar la verdad con coraje, es declararme capaz y aceptar la realidad tal como es.

Cuando alguien se va de tu vida, realmente no te está dejando de querer sencillamente te está dejando de engañar. Y sufres y dices han dejado de quererme, me gustaría que la gente que yo quiero me quiera. Pero lo más valioso es que no te mientan, no estés al lado de alguien que no quiera estar contigo.

Es muy doloroso pero siempre es mejor, que si se quedan engañándote.

Autodepender es elegir tu compañía, pero no forzarte a que estés, autodepender es dejar la puerta abierta para tener una certeza de que estás aquí a mi lado porque quieres, pero sobre todo es tener la certeza de que estoy aquí a tu lado porque yo quiero.

Esto implica ser auténticamente como eres y actuar como tú, sentir lo que sientes y correr los riesgos que tienes que correr y hacerte responsable de todo esto. Nada de permitir que los riesgos los corran otros para hacer lo que tú quieres, y nada de correr los riesgos que otros quieren que corras, nada de delegar la responsabilidad de lo que haces a otros.

Esto es lo que irremediablemente te compromete a defender tu propia libertad, y la de todos.

Para poder ayudar a otros, y poder recibir, primero vas a tener que conquistarte tú y tu autodependencia. No se nace siendo persona, se nace siendo un ser humano. Y cada uno debe conquistar su espacio único e irrepetible.

Concédete a ti mismo el permiso de estar y de ser quien eres, en lugar de esperar que otro determine todo de ti o cómo deberías ser.

Concédete a ti mismo el permiso de sentir lo que tú sientes en lugar de sentir lo que otros sentirían en tu lugar. Concédete a ti mismo el permiso de pensar lo que piensas y también el derecho de decirlo si quieres, o de callarlo si así te conviene.

Concédete el permiso de correr los riesgos de que tú decidas correr con la única condición de aceptar que tú tienes que pagar tú mismo el precio.

Concédete a ti mismo el permiso de buscar lo que deseas encontrar en el mundo, en lugar de esperar que alguien más te dé el permiso para obtenerlo.

Conquista tu libertad, la libertad de ser auténtico, la condición imprescindible para ser autoindependiente, condición necesaria para que ese adulto se haga cargo de, y deja de exigirte ser lo que los demás quieren que tú seas.

Ser persona es la libertad de darte a ti mismo la libertad de ser este que tú eres.

A veces, cuando te sientes débil, piensas que estar bajo el ala de los demás te va a hacer sentir protegido.

Otras veces para poder echarle la culpa a los demás. O también crees en algunas ocasiones tienes que pedir permiso, pero lo que pasa es que no has llegado a ser persona.

Llegar a ser persona con libertad y autodependencia es una evolución.

Tú tienes el control para decidir vivir una vida auténtica, una vida real, una vida comprometida y una vida de aceptar el riesgo cuando alguien ya no te ama. Porque así como te vuelves dependiente para poder retener, así se fomenta la dependencia de los demás, exigiéndoles, rogándoles, demandándoles, persiguiéndoles, y en última estancia, no aceptando que son quienes son.

Qué pasa cuando amas y piensas que la otra persona tiene que ser como tú te la imaginas, que tenga que sentir por ti lo que tú sientes por esa persona, que te tenga que pensar tanto como tú la piensas, no quieres correr riesgos que amenacen la relación y qué tiene que pedirte a ti lo que esa persona quiere para que seas tú la que se lo alcance.

Ese es un amor esclavizante mezquino, y cruel, este amor no es un amor adulto, el amor concede, el amor ayuda, el amor fomenta a aquel que amas que también tenga espacios.

El amor es la necesidad de luchar por un espacio de libertad para otro de tal magnitud que en ese espacio cada uno pueda hacer lo que más le gusta, aunque eso no sea lo que a ti te conviene.

Ámate a ti mismo primero, llénate de Dios y todo llegará como por arte de magia a tu vida, porque si eres amor puro, amor puro atraerás en abundancia. Pero primero ámate con toda tu alma tú.

Debes aprender a creer en una vida bella y que los obstáculos hacen parte de ella para crecer.

Tú, por el solo hecho de ser humano, estás lleno de bondad y con ganas de vivir y anhelos de triunfar.

Si a todo esto tú le agregas el efecto que tienes en tu mente, te darás cuenta del grado de autoestima que tú tienes.

Recuerda algo muy importante:

El fracaso no existe, por más mal que vaya el momento algo vas a aprender de eso. Hay que aceptar los errores y aprender precisamente de ellos para no volver a cometerlos, a eso se le llama: **la experiencia.**

Si tú quieres triunfar debes aceptar que el éxito llega a partir de una sumatoria de fracasos.

La diferencia entre en hombre que triunfa y el hombre que fracasa, no es cuestión de educación ni de inteligencia, tampoco es de oportunidad o de suerte. Son formas distintas de pensar; cuando hayas asimilado bien esto y comprendas que tienes derecho a triunfar, ese día triunfarás.

Al fracaso no hay que tenerle miedo, hay ponerle la cara y ponerla bien alta, para aprender de la lección que te deja cada experiencia.

Cada persona aprende a conocerse a sí misma gracias a sus vivencias y esa es su formación. La suma de sus experiencias y sus resultados, unos Buenos y otros no tan buenos.

La pregunta es ¿qué aprendiste?

Precisamente ahí está la repuesta, que aprendiste qué debes hacer y qué no debes hacer. A proponerte retos y a cumplirlos y a demostrarle a la vida que nada te queda grande y que vas a hacer con tu vida algo que realmente valga la pena y todo el esfuerzo.

Fracasar y perder, no te convierte en un perdedor a no ser que tú mismo te lo permitas. No es lógico pensar que lo que pasó una vez te vuelva a pasar de nuevo. El objetivo es aprender del fracaso y no dejar de actuar por temor al fracaso.

No te dejes influenciar por los comentarios y las críticas de los demás.

No permitas que nada ni nadie afecte tu autoestima.

Una de las principales causas que afectan tu amor propio es cuando te comparas con los demás.

Cuando empiezas algo nuevo en tu vida y comparas tu experiencia de novato y tu torpeza de inexperto con la habilidad de los que van más avanzados, ahí vas a bajar tu autoestima, pero debes usarlo para motivarte.

Hay muchas personas que también te admiran a ti por tus virtudes.

Tú tienes una habilidad, un talento y una experiencia y son valores que nadie puede comprar con nada.

Así que valora esos puntos de tu vida para que nunca te compares injustamente con los resultados de otros.

Cuando tú eres de aquellos que aspiran a alcanzar un nivel de perfección de esos inalcanzables y llegas a fracasar seguro no te lo perdonas, y sientes que quieres dar lo mejor y ser lo mejor y cuando fallas, que para ti podría ser lo peor, tu autoestima se baja y lo más grave es que empiezas a pensar que eres un desastre, y que eres un fracaso, y no solo piensas en el área que fracasaste sino en todas las áreas de tu desarrollo, y ya determinas que fracasaste como persona.

Y empiezas a olvidar que eres merecedor de todas las cosas buenas de la vida, tú debes de empezar a diferenciar las áreas que tienes para tu propia realización y reconocer que una cosa es tratar de hacer las cosas bien y a conciencia y otra es aceptar que no eres perfecto.

De hecho, no existen los seres perfectos. Tú puedes triunfar en los negocios, pero cometer errores en otras áreas entonces lo que debes hacer es aceptarlas y resolverlas de la mejor manera.

Si tú transciendes es por lo que tú haces bien, no por lo que haces mal.

Así que reconoce cuál es tu fortaleza y qué es lo que haces bien y esfuérzate por cada día hacerlo mejor.

Todo esto te dará seguridad en ti mismo y te incrementará tu propia autoestima.

Otras principales causas del fracaso vivir cargando con el pasado.

La mejor forma de levantar tu autoestima es cuando madures aquellos errores que cometiste en el pasado y que fueron los que te ayudaron a crecer como padre o madre de familia, como pareja, como ser humano.

Pero si con todas las experiencias de tu pasado no maduraste, significa que no aprendiste la lección.

Algo que debes tener en claro también es que tarde o temprano tendrás que mejorar y no lograrás hasta que no aprendas a creer en ti mismo.

Esto significa que debes tener la capacidad de perdonar todos los eventos dolorosos de tu pasado. Tú nunca podrás ya modificar ese pasado, pero lo que sí puedes hacer es trabajar en tu futuro desde hoy mejorando tus sentimientos, perdonándote y perdonando todo lo sucedido.

La vida todos los días te ofrecerá la oportunidad de aprender algo nuevo y son esas enseñanzas las que finalmente van transformando tu forma de pensar y tu forma de sentir, mejorando o desmejorando tu manera de ser, tu manera hablar, tu manera de actuar y a medida que tú vas madurando o vas envejeciendo, te vas convirtiendo en una persona distinta.

Nunca le temas a los cambios porque nuestra naturaleza es cambiar.

Por ejemplo, los cambios de tu cuerpo, ninguno llega de la noche a la mañana y todos requieren de un proceso que pueden durar hasta años y finalmente termina en su transformación.

Tú eres un ser complejo que aparte de tener un cuerpo, tienes un cerebro, un corazón y un espíritu y en lo transcendental podemos afirmar que tú eres único, irrepetible, tienes capacidad de amar, que tienes voluntad, que tienes libertad de pensar y de actuar como quieras y en cada uno de estos aspectos, eres guiado por tu propia luz para estar en un cambio permanente.

Todos los días, tú eres distinto, porque renuevas cabellos, células, ideas y cada día la propia naturaleza, te dará la posibilidad de estar mejor o peor de como estabas ayer, pero eso depende de la forma como tú te sientas contigo mismo y ese sentimiento es el causante de la forma como tú actúes ante los demás, ahí es donde entra en juego

Un papel muy importante de tu vida que es la percepción.

La percepción que tengas de ti mismo es la misma que tienes hacia los demás, y cuando tu percepción cambia los demás cambian.

Todo depende de cómo tú pienses hacia ellos.

La reprogramación emocional es cambiar la percepción de las personas o de las situaciones o de las situaciones.

¿Te gustaría reprogramar tus situaciones para tu éxito?

Entonces a partir de este momento empieza a preguntarte cuál es el motivo más importante de tu existencia, para qué vives, cuál es el propósito fundamental de tu Proyecto de vida, cuál es el sentido que le estás dando a tu actividad, cuál es la razón de tus esfuerzos y de tus luchas diarias, cuál es el sueño que tú tienes y cuánto estás dispuesto hacer para llegar a cumplir con tus sueños.

De acuerdo a tus respuestas, van a surgir los cambios de percepción en tu vida que es la razón por la cual tú tienes que empezar a cambiar tu forma de sentir.

Los grandes hombres que han dejado huella en la humanidad son aquellos que han logrado cambiar a tiempo su percepción de sus vidas, de su entorno y logrando a tiempo aquello que deseaban ser, aquello que deseaban hacer y aquello que deseaban tener. Y esa sensación de seguridad que les produjeron sus resultados fue que les nació la idea de querer llegar a transformar la percepción de otros, conscientes de que si les cambiaban su percepción les transformaban sus vidas.

Fue la percepción de aquellos hombres la que les permitió reprogramar sus emociones para conquistar su mundo y el de los demás.

El cambio que tú le quieres dar a tu vida solamente lo consigues si tú reprogramas tus emociones, cambiando tu percepción hacia ti mismo, hacia tu entorno, hacia tus sueños y hacia tu vida.

Cada cambio que tú hagas debe pasar antes por tu mente, desde tus pensamientos tú puedes transformar todo lo que desees y solo se hace cambiando tu percepción.

Las emociones y las sensaciones que tú has dominado desde tu niñez son la base que controla más del 90% de tu ser, convirtiéndote en una persona emocional y dejándote solamente el 10% de tu ser al control racional.

La razón no controla la vida de los seres humanos, porque de ser así, no habría fumadores, porque la mayoría de ellos saben que tienen siete veces más probabilidades de infarto y que tienen veinte veces más probabilidad de sufrir y morir por un cáncer en los pulmones que un no fumador.

Pero cuando hacen intentos de dejar de fumar, se les altera su Sistema nervioso como consecuencia y aumentan sus niveles de ansiedad, cambian de humor, se vuelven irritables, se les aumenta el apetito, tienden a pelear más con sus parejas. Pero ahí son los sentimientos los que los llevan a fumar y lo mismo ocurre con las personas pasadas de peso, no se necesita ser muy inteligente para saber que la gordura es nefasta para la salud, al subir unos escalones, el corazón tiene que trabajar más. Cuando el exceso de peso no les permite hacer algún tipo de deportes, deben llevar una dieta balanceada, ya sea ejercicio para mantener un estado de salud apropiado. En ningún caso es la razón la que los impulsa a alimentarse demasiado. Lo que los lleva a ese desorden de alimentos, son los sentimientos o el descontrol emocional y lo hace porque le gusta o porque se encuentra atravesando por un momento de crisis, de ansiedad, y no porque seas inteligente o te falte inteligencia.

Por eso, si lo que deseas es cambiar cualquier hábito que te perjudique, debes aprender a cambiar tus emociones y es necesario que tengas en cuenta a tu inconsciente que fue el que se programó accidentalmente para controlar tu comportamiento. No es posible determinar el resultado de tu inconsciente a menos que tú aprendas a controlar la programación que ya tienes.

Así que si no está feliz con la vida que tienes, debes empezar por cambiar tu programación mental. Tú ya sabes que eres el resultado de tu forma de pensar y de tu forma de sentir.

Por el lado emocional, tu programación se hizo por el núcleo familiar en el que tú creciste. Si eres de las personas que se quejan por todo, esta no es la opción de vida que tú elegiste. Es el producto de tu programación emocional.

Pero si eres de aquellos que se caen y se vuelven a levantar para seguir adelante con tenacidad y decisión, esto también se debe al modelo de vida en el cual te desarrollaste y que inevitablemente, está en tu programación emocional y se refleja en tus hábitos.

Todo comenzó antes de que tú nacieras, en el vientre de tu madre, tu inconsciente empezó a grabar las sensaciones agradables o desagradables de tu madre, luego después de nacer sales de un ambiente tibio y oscuro a un mundo lleno de luz donde alguien te tomó de los pies te dio una palmada y un zacudón para hacerte llorar.

Imagínate esa bienvenida al mundo.

Luego empezaste a crecer, grabando todo lo que ocurría a tu alrededor hasta la edad de los siete años, y la reacción a esa grabaciones ha podido ser positiva o negativa.

Por eso es muy importante que analices lo siguiente:

Para que un niño tenga una Buena autoestima, es muy importante que crezca emocionalmente seguro junto a su padre y a su madre, porque de acuerdo a este vínculo depende su seguridad y su estabilidad para toda su vida.

Un descuido emocional en la educación del niño va a hacer que el niño se pase toda su vida buscando quien le dé reconocimiento, y que se haga notar que existe y empieza a buscar el calor humano del cual careció en sus primero años de vida y con la autoestima muy baja.

Estos son los niños que sufren mucho cuando llegan a su edad adulta y empiezan a caminar por la vida buscando ser abrazados, mendigando amor y quien les dé migajas de cariño y reconocimiento.

Por eso tienden a ser víctimas y caer en manos de manipuladores que conociendo sus debilidades y su baja autoestima, los utilizan para hacerles daño solo para sentir cierta satisfacción personal.

La baja autoestima es el vacío emocional del cual fueron víctimas cuando fueron pequeños, y seguirán así hasta que ellos identifiquen las causas de esos vacíos.

Hay muchos que no reconocen esos problemas afectivos, porque vienen de muchos años atrás y la única forma de elevar tu autoestima es reprogramando todo este tipo de vacíos que finalmente fueron los que crearon el conflicto.

Todas las cargas emocionales y cómo te hablaron cuando niño cayeron en un terreno fértil y te empezaste a creer todo el cuento que te echaron de niño.

Y cuando llegaste a tu edad adulta, a nivel externo asumes que la evaluación que tus padres hicieron a tu capacidad de aprendizaje no tuvo lógica ni sentido alguno.

Y aunque tú te des cuenta de que no eres nada de lo que te dijeron de niño, en tu subconsciente y a nivel interno, quedaron las ofensas y todo lo negativo que recibiste, y con el tiempo quedaron ahí, sin embargo, tu reacción de ahora puede ser negativa o positiva.

Así que cada hecho al que tú recurras se constituye a tu programación mental que ya existe, porque cualquier cosa que te pase es una programación de los rastros inconscientes que quedaron allí grabados.

Por eso las cosas salen mal en los negocios, en las relaciones de pareja y de amigos. Y pasa una y otra vez, y es porque en tu subconsciente está toda esa programación negativa que atrae siempre esa misma situación haciéndote vivir tu baja autoestima.

Por eso importante acostumbrarnos a ganar y enseñar a nuestros hijos a ganar y que tengamos mentalidad de ganadores.

Porque la mente no sabe si estás jugando o haciendo algo en serio, sencillamente la mente graba los éxitos. Pero si te acostumbras a fracasar, lo normal es que fracases.

Así que acostúmbrate a ganar y asume que lo normal para ti es ganar y que tú ganas con relativa facilidad. Grábale a la mente la frase «yo sé que soy un triunfador» escribe esa frase a diario, repítetela a diario en tu espejo y léela todos los días.

Cuando una mente gana en el simulador, gana en la realidad.

Reprograma tu mente para que ella se acostumbre a triunfar.

Conviértete en el tipo de persona que tú admiras.

El amor propio es el pilar para continuar y levantar todo en la vida.

Recuerda que tú eres el primero y el único que tiene la obligación de dar valor a lo que eres, pero sobre todo a lo que haces.

Sé constante y perseverante. Deja que en tu corazón anide el amor propio y dale valor suficiente a los pequeños logros de tu vida, no desmerites tus esfuerzos grandes o pequeños. A veces, simplemente continuar con tu día, exige mucho de ti, si lo logras, no dejes de reconocerlo porque el amor de tu vida eres tú.

TÚ CREAS TU PROPIA REALIDAD

Tú sabes que eres el creador de tus experiencias, y que en última estancia, la creación de tu experiencia vital depende única y exclusivamente de ti. Nunca te ha gustado que otro te diga lo que tienes que hacer, nunca te ha gustado que te frenen tus impulsos, pero con el tiempo debido a las intensas presiones de quienes te rodean, convencidos de que las formas de ver las cosas son más válidas que la tuya, poco a poco has renunciado a la determinación de dirigir tu vida.

Con frecuencia te pareció más fácil adaptarte a sus criterios, sobre lo que convenía imponer a los tuyos, pero al adaptarte a los intentos de tu sociedad, de obligarte a encajar en ella y tratar de evitar problemas, has renunciado sin pretender a tu fundamento básico. Tu libertad total y absoluta de crear con todo. No has renunciado fácilmente a esa libertad, de hecho jamás renunciarás a ella por completo, pues constituye el elemento básico de tu ser, pero en tu intento de renunciar a ella, para no complicarte la vida y en tu resignada e impotente actitud de que no tienes más remedio que renunciar a tu poderoso derecho de elegir, has obrado contra tu propia naturaleza, e incluso contra tu alma.

Toma conciencia de la claridad, de la bondad, y el poder que constituye dentro de tu ser. Quiero recordarte que eres libre, que siempre los has sido, y que siempre lo serás.

No permitas que otros traten de crear tu realidad, de hecho eso es imposible, nadie puede crear tu realidad. Cuando hayas logrado realinearte con las fuerzas de la divinidad, las leyes universales y lo que constituye la fuente de lo que eres. Te aguarda una hermosa creación imposible de describir con palabras. Tú eres el creador de tu propia experiencia y el hecho de guiar intencionalmente tu vida te dará una profunda satisfacción.

Tú eres un ser eterno que ha decidido participar en esta experiencia vital física por numerosas y maravillosas razones, y es la realidad, tiempo y espacio en el planeta Tierra. Te sirve de plataforma en enfocar tu experiencia, con el propósito de llevar a cabo tu creación.

Eres conciencia eterna, encarnado en tu maravilloso cuerpo, para gozar intensamente de tu propósito de crear. El bienestar es la base de este universo, el bienestar es la base de todo cuanto existe, fluye hacia ti y a través de ti, solo debes permitir que lo haga. Al igual que con el aire que respiras, solo tienes que mostrarte receptivo. Relájate y deja que fluya a través de tu ser.

Comprende que tú eres un ser amado, bendecido y adorado, que formas parte importante de este proceso creativo. Mi deseo es que tú comprendas esto, comprende la bendita naturaleza de tu ser y busca pruebas que te lo confirmen.

El motivo por el cual no hayas conseguido lo que deseas es porque te mantienes en un patrón vibratorio que no coincide con la vibración de tus deseos. Ese es el único motivo, no hay otro.

Ten presente que si te paras a pensar en eso o lo que es más importante, te detienes a sentirlo conseguirás identificar la discordancia que hay en tu interior.

Así pues, lo único que debes hacer es liberar suave y progresivamente poco a poco tus pensamientos resistentes, que son los únicos factores negativos. El alivio que experimentarás será el indicador de que estás liberando tu resistencia, al igual que la sensación de que sientes tensión, ira, frustración y otras sensaciones negativas, indica que has incrementado tu resistencia.

El bienestar está al alcance de tu mano, recuerda algo básico que debes de tener en cuenta para que todo esto tenga sentido para ti. El bienestar fluye, el bienestar desea que lo aceptes, el bienestar está a tu alcance. Todo lo que has deseado, al margen de que lo hayas manifestado o no, lo has trasmitido mediante unas vibraciones que la fuente ha captado, comprendido y atendido, y a partir de ahora, sentirás que lo recibes, un sentimiento tras otro. Recuerda que eres una extensión de la fuente de energía. De ahí es la primera línea del pensamiento.

Tú y lo que llamas fuente, son uno mismo, no puedes separarte de la fuente. La fuente jamás se separa de ti.

La fuente nunca ofrece un pensamiento que provoque una separación de ti. Quiero que te sientas satisfecho de lo que eres y de lo que posees, aunque sin dejar de anhelar otras experiencias.

Esta es la perspectiva creativa óptima, esperar lo que fluye hacia ti con confianza, ilusión, optimismo, sin que la sensación de irritación, recelo o desprecio de ti mismo te impida recibirlo.

En esto consiste la ciencia de la creación deliberada. Recuerda: tú eres el creador de tu propia vida.

LA CLARIDAD TE LLEVA AL PODER

os momentos de confusión en tu vida, es un súper buen momento, porque significa que te está llevando a cambiar tu vida y dejar lo que no te sirve y actuar de forma diferente para tener nuevos resultados.

Yo sé que sentirse confundido no es fácil ni agradable en ningún aspecto de la vida, porque los seres humanos necesitamos certeza y claridad.

Cuando buscas un libro o lees un libro como este, es precisamente lo que estás buscando, estás buscando aprender algo nuevo o tener un cambio en tu vida y que eso te dé la oportunidad de sentirte seguro de lo que quieres.

1- Cuando te escapas de una situación te llevas todo de lo que huyes encima, porque no se trata de cambiar de lugar ni de lo de fuera, sino cambiar lo de dentro. Porque el 80% del éxito y de sentirte pleno y sentir que le estás dando sentido a tu vida es emocional. Y el 20% es material y es circunstancial.

2- Ten en cuenta que solo puedes vivir tu vida y que mucha gente puede decirte lo que tienes que hacer pero no están en tu lugar, por lo tanto asegúrate de que el camino que decidas tomar, esté alineado con tus deseos y tus propósitos.

3- Sé fiel a tu propósito, pero cambia la estrategia, prueba un camino, pero si no te sirve la estrategia, cámbiala. Pero no hagas que ese cambio de camino te lleve a abandonar tu propósito.

4- Ten en cuenta que el promedio de vida de la gente es relativamente corto, sobre todo cuando pensamos en nuestros años y en que podemos hacer lo que queremos. Pero piensa que en lo más rápido de lo que crees, estarás en tu lecho de muerte y mirarás para atrás y estarás contento con las decisiones que tomaste.

Diseña ya tu vida tal y como tú la quieres vivir, pero ten claridad en tus deseos y en lo que te quieres convertir.

Es normal que en algún momento de tu vida te sientas triste, desesperado, abrumado, sin dirección y sin saber para dónde ir.

Y continuamente te llegan todos esos pensamientos diciéndote que tu vida es un desastre.

Pero tal vez con esto que vas a leer te ayude a encontrar entusiasmo y calidad en tu vida. ¿Estás listo? Ok, ¡vamos!

En ocasiones la vida nos lleva por un camino que no es el que deseamos, tal vez perdemos a alguien a quien amamos, o sufrimos un accidente, o nuestra situación laboral o profesional nos estresa, y todos en algún momento de nuestra vida, hemos pasado por un momento de nuestra vida que no nos apetece hacer nada. Perdemos la motivación y hasta dejamos de amarnos a nosotros mismos.

Así que te voy a compartir unas claves que te van ayudar a recuperar ese optimismo que perdiste y que te mereces.

Las situaciones no son buenas ni malas, todo depende de cómo las veas. Ahora mismo puedes estar en una situación que te incomoda, una situación que no deseas. Si no te sientes a gusto lo más normal es que empieces a pensar en todas las razones por las cuales no eres feliz.

Esta situación que estás viviendo puede traerte muchos beneficios, y debes empezar en todas las ventajas que te podría dar tu situación actual.

Por ejemplo, si acabas de romper con tu pareja y la amabas y ahora la extrañas, quiero que pienses en cinco beneficios que podrías darte ahora que estás soltero.

Redirige tu atención porque a donde va tu atención va tu energía, van tus pensamientos, van tus acciones. Por eso cuando tememos perder algo en ese momento nos resistimos y atraemos constantemente aquello que no queremos para nuestra vida. Recuerda que tú no tienes límites y los únicos límites que tienes, son los que te has creado a ti mismo.

Cuando te planteas esta pregunta, ¿por qué todo me sale mal?

Cuando te planteas esta pregunta abierta, automáticamente tu mente va a encontrar respuesta, va a encontrar todas las razones por las que tu vida apesta y por lo que todo te sale mal.

Entonces, en lugar de enfocar tu mente hacia lo que no quieres, enfócala hacia lo que quieres.

Pregúntate, ¿cómo puedes lograr la vida de tus sueños?

¿Qué puedes hacer para cambiar? Por qué tienes tanto poder y cómo puedes tener una vida extraordinaria.

Pregúntate eso y deja que tu mente te responda, deja que tu mente te confirme y te diga qué puedes hacer para cambiar tu vida, para crecer como persona y para lograr aquello que tanto quieres.

Porque tú tienes más poder del que realmente crees.

Y si no te lo crees, pregúntatelo a ti mismo.

Y por último, pide ayuda porque no existe en el planeta nadie que haya logrado el éxito solo, porque todos en algún momento nos sentimos mal y solos y si quieres aprender de alguien, busca un mentor.

Busca a alguien que pueda ayudarte a orientarte. Todos podemos ayudarnos a encontrar los puntos débiles y cuando encontramos esas personas que nos orientan y nos ayudan, nos damos cuenta de que no tenemos que irnos muy lejos para transformar nuestra vida.

LA SOLEDAD

L a soledad es la que te da la posibilidad de conocerte a ti mismo, una persona no puede conocerse a sí misma hasta que está en soledad.

Los sentimientos y los pensamientos se ponen en contacto y ahí es donde se descubre algo que se llama la curiosidad. Y cuando una persona descubre la curiosidad, aprende a manejar la soledad.

Trata cada día de hacer mínimo veinte minutos de meditación. Todas las personas que han tenido éxito hacían meditación.

La meditación es la que se encarga de permitirte inspirarte.

Inspiración es estar en el espíritu y cuando una persona está en el espíritu, ahí es donde le nacen las ideas. A eso se le llama la creatividad.

Nunca vas a ver a ninguna persona producir grandes ideas mientras está hablando con otros.

Para poder producir las ideas tienes que concentrarte, tienes que meditar, tienes que buscar la soledad. Los sabios, los maestros espirituales, ellos se entregan a la soledad y al silencio.

Hay seminarios de dos y tres días de absoluto silencio y ahí empiezas a ver y a escuchar lo que antes no oía. Y es que cuando uno está hablando, uno no se escucha.

La posibilidad que tienes de escucharte a ti mismo es mediante el silencio. El silencio es el que te permite conectarte con lo divino, con lo espiritual, con lo transcendente. A eso se le llama el silencio.

Ese espacio es el que te permite conectarte en la parte espiritual y transcender. Transcender significa: trans- más allá y ascender- elevarse, es decir que el que transciende es el que se eleva más allá de lo normal, el que deja una huella, el que construye su propia vida y el que abre su propio camino, él es el que transciende por sí mismo.

Los científicos, los escritores, los artistas, los creativos, todos somos grandes amigos de la soledad, nunca ves a ver a un compositor componer una canción si no es en soledad, nunca verás a un escritor poder escribir si no es en soledad, nunca vas a ver a un pintor poder pintar si no es en soledad.

«Que la inspiración me llegue, pero que me encuentre pintando».

PICASSO

Cuando tú buscas la soledad, ahí la soledad es muy Buena.

La soledad es mala cuando la vida te la impone y la soledad puede ser tu maestro o la soledad puede ser tu gran enemiga. Porque la soledad te inestabiliza, Esa es la diferencia entre estar solo y sentirte solo.

La mayor equivocación que puedes cometer en tu vida es pensar que la única persona que padece la soledad, eres tú solo.

Más del 50% de la gente vive con problemas de soledad y es que el que se siente solo es porque no se conoce a sí mismo.

Cuando no te conoces a ti mismo, tú ves la soledad como tristeza, como amargura, como decepción amorosa, como tragedia y no la ves como espacio de reflexión.

Y hay personas que estando acompañadas se sienten solas y es porque no valoran a las personas que las están acompañando. Y no la valoran porque miran la persona que está al lado pero no la ven.

¿Cuántas veces te ha pasado eso? Que miras la persona que tienes al lado, pero no la ves.

Lo peor que le puede pasar a una persona es salir a buscar afuera lo que tiene en su interior. Lo que tienes que hacer es buscar lo que tienes dentro.

Otro punto que te quiero aclarar es, ¿sabes por qué hay mucha gente que cae en la soledad? Pasan por divorcios, por rupturas con sus parejas, quedan fuera de trabajos y caen en el mundo de la soledad.

Es por falta de paz espiritual, por falta de la meditación y por falta de oración.

Los síntomas de la soledad son:

1- El aburrimiento. Cualquier persona que tenga vacío espiritual, vive aburrida, esa persona no se encuentra a gusto, no valora lo que tiene, no valora su salud, no valora su familia, no valora las condiciones que tiene, es una persona que vive aburrida y ni siquiera sabe qué le pasa. Pero no le encuentra gusto a la vida, ni le saca provecho a la vida.

2- La tristeza. Sientes tristeza como si hubieras perdido algo, y ni siquiera tienes motivos para estar triste.

3- La depresión. Es el abatimiento permanente o transitorio y eso pasa por no valorar lo que tienes. Muchos dicen que la depresión es una enfermedad, le podrán poner los títulos que quieran ponerle, pero una persona deprimida es una persona desagradecida. Cuántas personas quisieran tener lo que la persona depresiva tiene, las posibilidades que tiene, pero las que lo tienen no lo valoran y se deprimen.

4- El insomnio. No duermes y por más que hagas y te tomes lo que sea no puedes, porque el problema es que te duele la conciencia y es que la conciencia es una facultad del espíritu. Mientras tú no te perdones a ti mismo y no perdones a los demás, no vas a tener paz en tu conciencia, no vas a tener tranquilidad.

5- La amargura. Párate frente al espejo y sonríe, repite siempre que eres feliz. Repítete esa frase hasta diez veces y vas a ver cómo tu rostro refleja felicidad, y todo el día estarás feliz. Convence al espejo de que eres una persona feliz

Empieza por agradecer todas las bendiciones que Dios te ha dado en tu vida, porque cuando empiezas a agradecer, tu mente empieza a atraer más cosas para agradecer y tu vida empezará a ser diferente.

Algo que es clave para estar feliz es tener tu espíritu lleno del amor de Dios. Cuando te encuentras en este estado, no necesitas sustancias externas, porque los que necesitan las sustancias externas, tienen el espíritu vacío.

Mientras tú no seas capaz de llenarte del amor de Dios, de la luz divina a través de la oración o la meditación, nunca vas a sanar tu cuerpo de todos los síntomas que produce el sentirse solo.

Amigo lector, si tu problema es de soledad, permíteme decirte que tu mejor compañía eres tú.

Nunca mendigues amor, no tienes que hacerlo porque tú eres el amor de tu vida, no permitas que te maltraten a cambio de no estar solo.

Te sientes solo por andar ocupado en ti mismo, en tus sentimientos de soledad, perdiste la consciencia y la importancia de los demás.

No te sientes bien estando solo y pareciera que tu vida sin otra persona no tuviera sentido y una pareja muchas veces para escapar de la soledad.

Ninguna relación te brindará felicidad que tú no construyas.

Solo podrás ser feliz con otra persona cuando no la necesites para ser feliz, sino para disfrutar tu felicidad con esa persona, porque de lo contrario sería dependencia.

Ninguna relación te da la paz que tú tienes que crear en tu interior.

Por eso ámate mucho y crece, y cuando unas tu felicidad con alguien, que sea porque estás realmente bien y en condiciones para vivir en pareja.

Nuestra autoestima se refleja en el tipo de amistades que nos rodean.

Por eso muchas personas terminan cayendo en relaciones tóxicas donde son gobernadas, manipuladas y controladas.

Solo estando bien tú mismo por dentro podrás atraer personas buenas a tu vida.

La soledad no significa estar físicamente solo, significa tener carencia de afecto por sí mismo.

Gracias por haberme acompañado y haberme permitido compartirte parte de mi historia y de mi superación.

Si llegaste hasta aquí significa que me leíste, y estoy profundamente agradecida contigo porque me estás ayudando a cumplir con mi propósito de vida; poder dejar grabado mi nombre en el corazón de todos ustedes.

Recuerda siempre que debemos dejar un legado y ser recordados por lo que hicimos por los demás y no por lo que fuimos.

No importa cómo haya sido tu pasado, no importa cuánto tiempo perdiste, lo importante es que siempre tienes una nueva oportunidad para volver a empezar, para cambiar, trascender, evolucionar.

Recuerda siempre que la vida es progreso y que el deseo de Dios es que tú encuentres tu propósito de vida y tu misión aquí en la tierra.

Dios dijo: buscad mi reino y todo vendrá por añadidura.

El reino está dentro de ti y es tu propósito. Busca dentro de ti y lo encontrarás.

Continúa con **La belleza de tu ser interior.**

Gracias, gracias, gracias.

Te amo.

SOL.

La voz de tu alma

Y ahora quería aprovechar estas líneas para dar las gracias de todo corazón a una persona a la que admiro:

Lain, gracias por el apoyo diario que me has brindado en este camino contándome la realidad, pero creyendo en mí desde el primer momento, cuando todo no era más que una ilusión. No sabes cuánto me alegro de que la vida nos haya hecho encontrarnos y que a partir de ahora esté en este camino contigo. Enhorabuena por todos tus éxitos y por los que aún quedan por venir.

Querido lector, te recomiendo la lectura de La voz de tu alma porque, sin duda, es un libro que te hará conectar con tu verdadera esencia.

Millones de gracias, Lain.

Trilogía LIBÉRATE

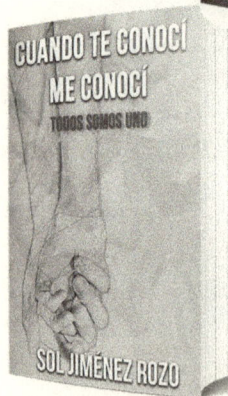

PRÓLOGO DE LAIN AUTOR DEL BEST SELLER
«LA VOZ DE TU ALMA»

QUIEN CAMBIÓ MI VIDA

MI TRANSFORMACIÓN
SOL JIMÉNEZ ROZO

LA BELLEZA DE TU SER INTERIOR
CONÓCETE

SOL JIMÉNEZ ROZO

CUANDO TE CONOCÍ ME CONOCÍ
TODOS SOMOS UNO

SOL JIMÉNEZ ROZO

solcoachinginternacional@gmail.com

@soljimenezcoaching

Sol Jiménez Coach y Conferencista

@soljimenezcoach

¿Puedo pedirte un favor?

Si te ha gustado el libro, ¿podrías sacarte una fotografía y compartirla en tus redes sociales y mencionarme?

El propósito de la trilogía Libérate es ayudar a personas en su proceso de transformación hacia una vida más plena y de mejor calidad.

Si deseas ir más allá con tu apoyo a la trilogía, solo tienes que entrar en Amazon, buscar este libro y dejar tu opinión junto al número de estrellas que creas oportuno. Este sencillo gesto me será de gran ayuda.

Gracias, gracias, gracias

Continúa leyendo

LA BELLEZA DE TU SER INTERIOR

CONÓCETE

SOL JIMÉNEZ ROZO